Quell
Lektüre

Die Autorin:
Charlotte Hofmann-Hege, geboren 1920, wuchs auf der Domäne Hohebuch im Hohenlohekreis auf. Nach Abitur und Ausbildung zur ländlichen Hauswirtschaftsleiterin folgte sie der früh verstorbenen Mutter im elterlichen Lehrbetrieb nach. 1949 heiratete sie Pfarrer Helmut Hofmann und wurde Mutter von drei Kindern. Sie engagierte sich in der ländlichen Erwachsenenbildung und ist Autorin mehrerer Bücher.

Ein großes Schicksal aufrichtig und fruchtbringend zu gestalten, ist nicht leicht. Noch viel schwerer aber ist es, ein unscheinbares Tagewerk, wie es den meisten von uns aufgegeben ist, mit Lebendigkeit und Würde zu erfüllen.

Wenn ich hier das Leben meiner Mutter erzähle, so soll es stellvertretend für viele Schicksale unserer Zeit geschehen, die unbekannt versanken. Daß sie dennoch in Gottes Hände gezeichnet sind, ist gewiß. Denn neben unserer sichtbaren, uns oft so armselig anmutenden Lebensgeschichte läuft immer eine zweite, zutiefst verschwiegene einher: die Geschichte Gottes mit unserem Herzen. Wir ahnen, daß sie sich unter ganz anderen Gesetzen vollzieht, als wir sie von der lauten Oberfläche gewöhnt sind: Kleine Zahlen werden dort groß, Unscheinbares wird wesentlich. Zweifel wird zur Gewißheit, und Sicherheiten zerfallen in nichts. Verkehrtes wird richtig, Schuld dient zum Besten, Mißerfolge reichen weiter als glänzende Leistungen, Klugheit wird töricht, und Torheit wird gesegnet.

Darum ist es immer ein Wagnis, das Leben eines Menschen nachzuzeichnen. Was wissen wir vom Geheimnis der schlaflosen Nächte, der angefochtenen Stunden, der Verzagtheit im Innewerden der eigenen, rätselhaften Grenzen? Was einen Menschen am stärksten wandelt, ist oft wortlos oder läßt sich von anderen nicht in derselben Weise nacherleben.
Das Einmalige und wohl auch Besondere in der Persönlichkeit meiner Mutter aufs Papier zu bringen, wird kaum gelingen. Wohl aber wird ein Schimmer jener unbedingten Treue, mit der sie ihr Leben hingab, aufleuchten. Ein berühmter Mann hat mir einmal nach ihrem Tode gesagt: »Durch Frau Hege habe ich Entscheidendes empfangen. Aber am eindrücklichsten war für mich doch immer die Großartigkeit, mit der sie das Alltägliche ihres Lebens bestand!«

Das erste Bild, dessen sich die kleine Julie erinnert, geht wohl bis ins Weihnachtsfest des Jahres 1888 zurück. Denn damals lebte die Urahne noch. Das kaum dreijährige Mädchen – es wurde am 28. Februar 1886 in Obersulm (Kreis Heilbronn) geboren – steht auf einem Stuhl und schaut in die frühe Winterdämmerung hinaus. Es darf sich nicht umdrehen und nicht in die Stube hineinblicken, denn dort hinten beim Christbaum richtet die Großmutter erstmals die alte Familienpuppenküche für ihr ältestes Enkelkind ein. Geheimnisvoll klirren die kleinen Geschirre, der Christbaum duftet, im alten Wasseralfinger Ofen beginnen die Bratäpfel zu zischen. Das Herz des sonst so ernsthaften Kindes droht zu zerspringen vor Erwartung und Seligkeit. Und nun beginnen die Glocken der dem El-

ternhaus gegenüberliegenden Dorfkirche von Willsbach den Abend einzuläuten.
Da öffnet sich im Altenteil auf der anderen Seite des Hofes das Fenster, eine Kerze wird entzündet, und durch die wachsende Dunkelheit, unter dem Klange der nahen Glocken, winkt die Urahne herüber. Dem kleinen Mädchen wird jetzt gleichfalls der Fensterflügel geöffnet, und es darf zurückwinken.
Dieses Bild ist geblieben: drüben die Greisinnenhand und hier das Kinderhändchen, die einander zur Christnacht grüßen.
Viel später erst wird Julie dann die Schriften des Urgroßvaters entdecken, der schon mit 34 Jahren gestorben ist. Mit ehrfürchtigem Staunen wird sie das Lebensbild des leidgeübten Mannes entziffern. Als Junge trat er einmal in einen Hufnagel; da die Wunde nicht heilen wollte, brannte sie der Weinsberger Dichterarzt Justinus Kerner mit einem heißen Eisen aus, so daß die ganze Straße danach roch – die höllischen Schmerzen hat der Urgroßvater dem Justinus Kerner nie ganz verzeihen können, zumal die Wunde trotzdem nicht heilte. Über die Bettchen seiner beiden Kinder gebeugt, überwältigte ihn mit 27 Jahren fast hellseherisch die Erkenntnis, daß er jung sterben müsse. So schrieb er seine Erfahrungen und Hoffnungen nieder. Bei zunehmender Bettlägerigkeit begann ein bitterer Kampf mit den Schmerzen, ein Ringen um das gehorsame Annehmen eines lebenslänglichen Leidensweges. Aber es war ein fruchtbarer Kampf, und in der Geborgenheit eines stark gewordenen Glaubens ist er hinübergegangen auf die andere Seite des Lebens.
Das zweite Bild in Julies Erinnerung: Herrlicher Früh-

ling, das Apfelbäumchen im Garten hinter dem Haus steht in Blüten, die Bienen summen, und auf dem Nachbarhaus klappert der Storch; die Stare zwitschern, und eine sich sonnende Katze kommt den Gartenweg her. Es ist ein weiträumiger Bauerngarten, und die Häuser des Dorfes blicken freundlich über den Zaun. Unter dem Apfelbaum aber sitzt die Großmutter mit der kleinen Enkelin. Die rüstige Frau nimmt einen Wollknäuel und zwei Stricknadeln und sagt: »Du mußt jetzt stricken lernen, Julie! In ein paar Tagen kommst du zur Schule, und da können alle ordentlichen kleinen Mädchen stricken!« Aber es geht so schwer, die Arbeit wird dem Kinde sauer, und schließlich seufzt es: »Großmutter, du mußt bei mir sitzen bleiben, bis ich's kann, sonst werf ich das ganze Strickzeug in den Bach!«

Grau und klebrig wird das Garn, und die sonst so geduldige Großmutter seufzt auch und fürchtet heimlich, daß ihre Enkelin nie stricken lernt.

Und doch war es ein wundersamer Nachmittag mit der geliebten Großmutter zusammen. Die Blütenblätter fielen der Großmutter in die Schürze, und die besinnliche Frau dachte wohl, wie dieses Apfelbäumchen doch gleichnishaft sei für das kleine Mädchen, das da neben ihr saß und sich mühte. Blüten über Blüten – reiche Gaben an Gesundheit, Willenskraft, Temperament und Gemüt –: wie viele dieser Blüten würden wohl zu Früchten ausreifen dürfen und wie viele würde der Sturm der Schicksalsführung entblättern müssen? Prüfend betrachtete sie das Kindergesicht von der Seite, denn es glich dem ihrigen so sehr: unter den immer etwas zerzausten Haaren erschien ein feines, klares, energisches Profil, das manchmal recht eigenwillig dreinschauen konnte. Eine starke, überlegene Hand war nötig für dieses Kind mit dem leidenschaftlichen Willen und dem ausgeprägten Verantwortungsbewußtsein.

Nun, zunächst war sie, die Großmutter, ja noch da. Nach dem Tode der Urahne nämlich war sie ins Altenteil gezogen. Damit sie nachts nicht so allein sei, war ihr die kleine Julie mitgegeben worden. Die Mutter war mit den beiden kleineren Geschwistern beschäftigt. Großmutter hatte Julie lieb wie ihr eigen Herz, das wußte man.

An Wintertagen sah man die Großmutter oft mit der Enkelin in den Dorfstuben aus- und eingehen. Die Kleine hatte einen erstaunlich wachen Blick für Not und Elend. Daß die alte Karoline sich keinen Zucker in ihre Kaffeebrühe leisten konnte, bewegte das Kindergemüt so tief, daß es von dieser Stunde an, zunächst unter hartem Verzicht, nie mehr ein Stück Zucker in den Kaffee nahm, damit die Karoline ihn bekommen konnte. Dem blinden Friedrich mußte man immer wieder den Stock aufheben, weil er ihn nicht mehr fand, wenn er ihn fallen ließ. Und die alte, schwermütige Rosine, die immer brummte, sie tauge nichts mehr, mußte man oft trösten und ihr die Stube sauber machen. Es roch zwar immer ganz fürchterlich in Rosines Stube. Aber über Dinge, die sein mußten, brauchte man sich keine Gedanken zu machen. Und bei Rosine mußte es sein, sonst verkam sie. Schließlich trug Julie auch noch ihren sonntäglichen Nachtisch aus. Die kleineren Geschwister empörten sich: »Es wird einem ganz angst, ob du nicht eine Heilige wirst! Man kommt sich ganz schlecht vor in deiner Nähe!« Aber auch wenn das Kind zu allerlei Übertreibungen neigte, so kam doch gegen dieses innere Gesetz des Helfenmüssens niemand an.

Im Oktober 1896 geschah nahe beim Willsbacher Bahnhof ein Eisenbahnunglück. Ein Güterzug war entgleist. Als man im Abendlicht den toten Zugführer auf seiner Bahre wegtrug, stand unter den Zuschauern, die aus dem Dorf herbeigeeilt waren, auch die kleine Julie. Auf dem zehnjährigen, erschrockenen Gesicht lag der Ausdruck tiefen Ernstes. »Damals habe ich plötzlich gewußt«, erzählte sie später von dieser Stunde, »daß ich auf keinen Fall Zuschauer bleiben wollte angesichts des Leides in aller Welt!«

Zum erstenmal hatte der Tod von fern wie ein kalter Hauch das helle Kinderleben gestreift. Julie verarbeitete dies Neue, wie es in Schwaben viele junge Menschen tun: einige Tage später brachte sie der Großmutter heimlich und sehr verschämt ihr erstes Gedicht.

Wenige Wochen danach nahm sie dieses Gedicht wieder an sich. Denn inzwischen hatte der Tod wie Blitz und Donner neben ihr eingeschlagen: am 25. November 1896 war die Großmutter plötzlich an einer Gehirnblutung gestorben. Brennenden Schmerzen der Seele hilflos ausgeliefert, irrte die Kleine mit verweinten Augen durch die Tage. Noch viele Jahre später konnte sie die Glocken ihrer Heimatkirche nie läuten hören, ohne sofort den Sarg der Großmutter vor sich zu sehen, wie er die steinerne Treppe am Haus hinuntergetragen wurde.

Würde das Kind, dessen Wesen so entschieden nach der

mütterlichen Reife der älteren Frau verlangt hatte und sich dort geborgen wußte wie sonst nirgends, den Weg zurückfinden zu Vater und Mutter und zu den Geschwistern? Und würden diese ihre nun in sich verschlossene Seele suchen und neue Wege des Verstehens finden? Ach, es konnte nicht gelingen, denn in unverstandenem Trotz lehnte das Mädchen sich gegen den Tod der Großmutter auf und wandte sich von seiner Umgebung ab. »Erst im Konfirmandenunterricht lernte ich ahnen, daß meine Haltung im Grunde ein Ungehorsam gegen Gottes Willen war, der doch viel höher sein mußte als meine Wünsche. Mein eigensinniges Wesen konnte auch gar nicht im Sinne der Großmutter sein. Ich bemühte mich von da an sehr ernst um eine dankbarere Haltung den Dingen und den Menschen gegenüber. In einem gewissen Maße ist mir das auch gelungen. Aber die Tore zum Lande der Kindheit schlossen sich mit dem Tode der Großmutter für immer . . .«

»Von Gottes Gnade bin ich, was ich bin, und seine Gnade an mir ist nicht vergeblich gewesen!« Diesen Denkspruch brachte die hochgewachsene Konfirmandin von ihrer Einsegnung im Jahre 1901 nach Hause. Der Vater war stolz auf seine vernünftige, zielstrebige Älteste, die im Lauf der Jahre ein herzliches Vertrauen zu ihm gewonnen hatte. Der Weg zur Mutter war schwieriger gewesen und war auch nicht mehr in vollem Ausmaß gelungen. Beide waren zu verschiedenartige Naturen. So manches Mal glaubte die Mama, unter deren geschickten Händen und praktischem Sinn die Arbeit mühelos zurückwich, den linkshändigen Backfisch aus der Küche schicken zu müssen: »Es sieht

gar zu ungeschickt aus, wie du's angreifst. Du siehst ja die Arbeit noch gar nicht. Da mach ich's zehnmal selber. Geh – und lern erst mal stricken!«
Ja, das Strümpfestricken wollte trotz der 15 Jahre immer noch nicht gehen. Als der Strumpf in der Schule an die Reihe gekommen war, hatte Julie – o wunderbare Fügung! – den Arm gebrochen. »Ich komme auch ohne Ferse und Käppchen durchs Leben!« trotzte sie heimlich. Aber es ist nicht so einfach mit derlei Dingen: Manchmal hat es das Leben genau auf solche Stellen abgesehen, um die man sich erfolgreich gedrückt hat.
Zum Glück gab es auf dem Hof etwas, das dem jungen Mädchen viel Freude bereitete: die Tiere. Schweine und Kühe zu pflegen war allerdings nicht schicklich für eine »höhere Tochter«, die nun nach Weinsberg und Heilbronn zur Schule fuhr und nicht nach Stall riechen durfte. Aber Julie wollte so gern etwas taugen und herzhafte Arbeit leisten. Eines Tages stellte sie sich in großer Entschiedenheit vor die Mutter:
»Mama, ich möchte gern unsere Hühner versorgen. Und zwar ganz selbständig, ohne daß mir jemand dreinredet!«
»Aber wie willst du denn das machen, Kind? Dein Zug fährt ja schon vor 6 Uhr weg!«
»Ich versorge sie eben um 5 Uhr. Hühner stehen ja früh auf.«
Sie führte ihren Vorsatz aus. Mit Liebe wurde das Federvieh schon vor Sonnenaufgang versorgt. Es dankte seiner jungen Betreuerin diese Mühe durch sichtbare Leistung. Auf diese Weise erübrigte Julie auch immer wieder ein paar Eier für die Bedürftigen des Dorfes; sie

lernte Kuchen backen und kleine Süßspeisen bereiten, die sie dann austragen durfte. Besonders liebte die junge Geflügelzüchterin ihre Truthenne Augusta, deren krankes, eitriges Auge sie geradezu fachmännisch behandelte.

Es ist gut, daß ich die Sache mit den Hühnern erfahren habe, sonst hätte ich meinen können, Julie habe in diesen Lernjahren nur Bücher gelesen und sonst nichts vom Arbeiten wissen wollen. Ihre »Lesefrüchte« reichen bis in jene Zeit; man kann genau die Bücher verfolgen, mit denen sie sich fast wissenschaftlich beschäftigte: zuerst Dante, den sie schon dreizehnjährig aus ihres Großvaters Bücherschrank holte, dann Marc Aurel, Plato, Epiktet. Sie versuchte sogar, mit Hilfe eines Übungsbuches, sich lateinische Sätze zusammenzusuchen. Die Klassiker wurden gründlich durchgearbeitet, dann die großen Engländer, Franzosen und Russen. »Sie wird ein Blaustrumpf«, seufzte die Mutter. Der Vater lächelte: »Naturen wie Julie müssen sich vielem aussetzen, bis sie an ihr Ziel kommen und das Einfache erlernen. Ich bin überzeugt, daß es ein gutes Ziel wird. Die heutige Mädchenbildung genügt ihr nicht, und darin hat sie doch eigentlich recht!«

Fröhliche, reiche Schuljahre, mit strebsamen Freundinnen, reihten sich aneinander. Julie lernte allerdings nie spielend, und trotz ihrem Ehrgeiz gelangte sie nie an den ersten Platz. »Es war besser so«, sagte sie später, »obwohl es mir bei jedem Zeugnis hart zu schaffen machte. Aber im Leben halten die ersten Plätze nicht immer, was sie versprechen. Leichtes Lernen ist manchmal auch eine Gefahr!«

In der Zeit vor dem Ersten Weltkrieg schickten die Bür-

gerhäuser ihre heranwachsenden Töchter zur Abrundung ihrer Bildung gern in die französische Schweiz. Wie mochte es dem achtzehnjährigen schwäbischen Dorfkind ergehen, das da erstmals die Heimat verließ und so zuversichtlich als Hilfslehrerin in ein großes Pensionat an den Genfer See fuhr?
Unverhohlen erzählen die zahlreichen noch erhaltenen Briefe, daß »Madame«, die Vorsteherin, wieder einmal wegen zu reichlichen Weinens zehn Centimes bekommen habe. »Den ganzen Tag heißt es: c'est défendu – das ist verboten!« Heimweh bricht durch die anmutigen Reiseschilderungen überall hindurch. »Heute sind es nur noch 20 Wochen bis zur Heimreise. Wenn mir nur mein Geld zur Rückfahrt noch reicht; hier ist alles so teuer. Außerdem muß man wegen jeder Kleinigkeit zehn Centimes bezahlen.« Die Mädchen – Russinnen, Französinnen, Deutsche, Engländerinnen – scheinen zum Teil recht schwierig zu sein, jedoch bekommen die Engländerinnen von ihrer jungen Lehrerin immer wieder ein Lob. »Sie sind sachlich und ruhig und von einem zwar nicht übermäßigen, aber stetigen Fleiß.«
Die Führung des Pensionats war für heutige Begriffe unwahrscheinlich streng, aber pädagogisch nicht unklug. »Madame« allerdings, die Vorsteherin, war eine Deutschenhasserin von Format. Als echte Französin hatte sie den Siebzigerkrieg noch nicht verschmerzt. »Ich muß dir erzählen, was sich heute vor acht Tagen zugetragen hat«, schreibt Julie an ihre jüngere Schwester. »Wir haben alle ganz brav gelernt. Da kamen plötzlich viele schöne Wagen den Berg herauf, mit je vier Pferden, voller Studenten in roten Mützen. Wir

sprangen alle ans Fenster. Die Wagen hielten, die Studenten stiegen aus, liefen im Gänsemarsch ums Haus und sangen – deutsche Lieder! Entsetzt hielt sich Madame die Ohren zu und schrie: ›Des Allemands! Des Allemands!‹ Sie vergaß ganz, daß man sich doch immer und stets gut benehmen soll. Gegen Strafe hielt sie die Mädchen von den Fenstern fern. Allmählich hörte das Ständchen auf, und die Studenten verliefen sich, aber bis zum Abend durfte niemand ein Fenster öffnen.«

Madame war peinlich darauf bedacht, daß namentlich ihre deutschen Zöglinge nicht zu viel aßen. »Mademoiselle, votre taille!« (Fräulein, Ihre Taille!) erklang ihr Schlachtruf bei jeder Mahlzeit. Julies Kampf mit dem Hunger liest sich belustigend, die Briefe reden fast ungebührlich breit darüber. Es läßt sich leicht erkennen, daß dieser Hunger nicht nur leiblicher Natur war, sondern daß er auch einem inneren Unausgefülltsein entsprang.

Vor Einbruch des Winters kehrte die junge Pensionärin ins Elternhaus zurück. Die mancherlei Arbeit in Haus und Hof, die Aussteuerstickerei, die Koch- und Nähkurse vermochten sie aber nicht recht auszufüllen. So entstanden nach Feierabend zahlreiche praktische Aufsätze, Betrachtungen, besinnliche Studien, Gedichte und Erzählungen, für die sie von einigen Zeitungen regelmäßige Aufträge erhielt. Eine besondere Freude scheint die Einweihung des Justinus-Kerner-Hauses in Weinsberg für sie gewesen zu sein, am 5. Mai 1908. »In dem geisterumsponnenen Haus, in welchem der Urgroßvater so unsägliche Schmerzen gelitten hatte, durfte ich zur Begrüßung der Gäste ein selbstverfaßtes

Festgedicht vortragen, was mich mit großem Stolz erfüllte.«

Aus den Lesefrüchten und Aufsätzen jener Zeit ist plötzlich eine auffallende Vertiefung und viel innere Einsamkeit herauszuspüren. Es tauchen nun fast ausschließlich Namen auf wie Bodelschwingh, Eva von Tiele-Winckler, Wichern, besonders auch Carl Hilty, der ihr vor allem lieb war. Der Wahlspruch der von ihr sehr verehrten Königin Luise wurde eingerahmt ins Stübchen gehängt: »Ich liebe, darum lebe ich.« Eine kleine Feierabendbetrachtung aus der »Süddeutschen Zeitung«, die Julie mit »Enttäuschungen« überschrieben hat, wirft in ihrer für dieses Alter überraschenden und fast schmerzlichen Reife ein leises Licht auf eine starke innere Entwicklung. Meine Mutter hat nie mit uns über jenen ersten herben Schmerz gesprochen, der da in ihr Mädchenleben eingebrochen war und der die Tragfähigkeit ihrer Seele fast bis über die Kraft erprobte. Darum soll dieses Geschehen auch hier verhüllt bleiben.

Wohin wird die große, innere Einsamkeit und die sehnsüchtige Bereitschaft für den richtigen Auftrag die junge, fast zum Tode verwundete und mit sich selbst verzweifelt ringende Menschenseele führen? Wird etwas Neues, Gewaltiges von außen kommen? Aber das Entscheidende kommt nicht von außen. »Nicht Zuschauer bleiben! Hände sind zum Helfen da!« Es war jedoch nicht so einfach, ohne Vorbild, nur auf sich selbst gestellt, in dem schlichten Dorf damit zurechtzukommen.

Zunächst sah dieses Helfen und Trösten bei den Alten und Kranken im Dorf auch sehr armselig aus. Aber was ist groß? Was ist klein? Winzige Taten der Treue wandeln sich unter den ewigen Händen in entscheidende Wendepunkte.

Kam da eines Abends der alte Dorfschuster Matthias vom Bahnhof Willsbach und keuchte unter der Last eines schweren Koffers. Er hatte in Heilbronn Ware eingekauft. Der weite Weg ins Dorf hinab war mühsam für den kränkelnden Mann.

Eine junge Dame holte ihn ein: »Komm, Matthias, gebt mir den Koffer!« Erschrocken blickte der Alte sich um: »Aber Fräulein Julie, was werden die Leute sagen! Ihre guten Reisekleider – und mein schäbiger Koffer!«

»Nach den Leuten darf man nicht so viel fragen, wenn man etwas für richtig hält, Matthias!« entgegnete das schlanke, hübsche Mädchen. »Es ist niemand um den Weg.«

Schon hatte sie mit sicherem Griff den Koffer an sich genommen und schritt aufrecht neben dem Alten in die rasch einbrechende Abenddämmerung hinein.

Es war aber doch jemand um den Weg gewesen. Ein junger Landwirt war dem gleichen Zug entstiegen, um nach seinem drei Kilometer entfernten Hofgut Breitenau zu marschieren. Er selbst hatte, in Gedanken eingesponnen, die Not des Alten überhaupt nicht bemerkt. Da erblickte er Julie. Er sah sie nicht zum ersten Mal, denn die Familien kannten sich. Und doch wußte er plötzlich, daß er ihr an diesem Abend erstmals von ferne begegnet war: der feine, sichere Anstand, die kraftvolle Anmut der Bewegungen in ihrer liebevoll mütterlichen Hinwendung zu dem alten Mann – würde er dieses Bild je vergessen können? Er schlug ei-

nen anderen Weg ein, um nicht bemerkt zu werden. Durch die Sternennacht schritt er nach Hause.
Es waren dieselben Sterne, die an diesem Abend auch in Julies Zimmer hineinleuchteten.

Am Himmel wandern viele tausend Sterne
wie kleine, wache Kerzen durch die Nacht.
Ein ewger Wille hält die Weltenferne
und mein Geschick in seiner starken Macht.
Und dankbar weiß ich, daß ich ausgestritten.
Das Ende wird ein neuer Anfang sein!
Durch meine Seele zieht ein großes, ernstes Bitten:
Herr, nimm zum Dienst mich, ich bin dein!

Der Nachtwind blähte die Gardinen des schmalen Jungmädchenstübchens auf; er versuchte, das dicke schwarze Heft vom Tisch zu heben, aber es war zu schwer. Julie hatte heute ein Inhaltsverzeichnis geschrieben und obenauf geklebt. Mit dem Dichten und Schreiben würde es vorerst aus sein.
Drüben in der Wohnstube saßen Vater und Tochter im Schimmer der Nachtlampe bei ernstem Gespräch.
»Du hast dich also fest entschlossen, Julie, Krankenschwester zu werden?« fragte der Vater eindringlich. »Du meinst, deine beiden jüngeren Geschwister könnten der Mutter nun ausreichend zur Hand gehen, so daß du eine Zeitlang entbehrlich wärest?«
»Ja, Papa, ich möchte einen richtigen Beruf erlernen. Einen Beruf, in dem man helfen kann! Ihr kommt im Augenblick tatsächlich ohne mich zurecht!«
Der Vater seufzte. »Ich möchte deinem Entschluß von mir aus nichts in den Weg legen. Du hast dir gewiß

selbst überlegt, daß du einen recht entsagungsvollen Beruf ergreifen wirst. Du hättest das nicht nötig, wir hätten gern für dich gesorgt.«

»Ich weiß es, Papa. Und ich weiß auch, daß ihr mich immer einmal wieder zu Haus braucht. Ich gehe deshalb zu den Johannitern, wo ich etwas freiere Hand haben kann. Aber du verstehst gewiß, daß ich etwas Herzhaftes lernen muß, um befriedigt zu sein!« –

So zog die junge Lernschwester denn hinaus. Ihre erste Lehrstelle war in Darmstadt am dortigen Elisabethenstift.

Die erste Zeit fiel ihr nicht leicht. Ihre Natur neigte zum selbständigen Bestimmen, zum schöpferischen Gestalten und zum verantwortungsbewußten Führen. Nun aber hieß es Dienen im bittersten Sinn, denn das Ausbildungsgebiet war noch nicht so sorgfältig geregelt wie heute. Man wurde an seinen Arbeitsplatz gestellt und hatte den älteren Schwestern auf die Hände zu sehen. Diese ließen sich die Erziehung der jungen, immer ein wenig vornehmen Schwester sehr angelegen sein. Sie sollte nur nicht meinen, sie sei etwas Besonderes. Da gab es dann wochenlang nicht viel anderes zu tun, als Bettschüsseln, Nachtstühle und Spucknäpfe zu reinigen. »Zuerst muß man euch jungen Schwestern den falschen Idealismus austreiben«, erklärte die würdige Oberschwester Babette. »Mit süßen, mitleidigen Gefühlen ist es nicht getan!« Sie hatte scharfe Augen. Julie hielt sich schon nach kurzer Zeit für das dümmste, hoffnungsloseste und ungeschickteste Geschöpf auf Gottes Erdboden.

Eines Tages jedoch hatte sich die Oberschwester einer

sofortigen Operation zu unterziehen. Schon damals war der Schwesternmangel groß. »Ich weiß nur eine, die meine Arbeit solange übernehmen könnte«, seufzte sie, »nämlich Schwester Julie.«
»Wie? Die junge Schwester, die erst einige Monate bei uns ist?« fragte der Chefarzt erschrocken zurück. »Das ist unmöglich!«
»Ich weiß keinen besseren Weg, Herr Doktor! Und Sie werden erleben, daß es klappt! Schwester Julie hat es in sich!«
Als »Pröbchen« die Oberschwester vertreten! Julie wurde schmal und blaß dabei, aber unter Einsatz aller Kräfte meisterte sie ihre Aufgabe so vorzüglich, daß der Chefarzt am Schluß anerkennend aussprach: »Wir werden Sie in den Operationssaal nehmen, Schwester Julie!« Das war eine hohe Auszeichnung. Stolz schrieb Julie nach Hause: »Morgen darf ich erstmals bei einer Operation assistieren!«
Hier allerdings galt es eine der schwersten Hürden ihres Lebens zu nehmen. Julie mußte jedesmal ohnmächtig aus dem Operationssaal getragen werden. Mit aller Macht bekämpfte sie ihre Empfindsamkeit. Es wollte nicht gelingen. Nach einem anstrengenden Operationsvormittag rief der Chefarzt sie zu sich: »Schwester Julie, diese Aufgabe ist noch zu schwer für Sie! Lassen Sie die Finger davon! Da braucht es Leute, die aus anderem Holz geschnitzt sind! Schade, ich hätte gern mit Ihnen zusammen gearbeitet! Vielleicht geht es in ein paar Jahren, wenn Sie sich an unseren Betrieb gewöhnt haben!«
Die junge Schwester lächelte unter Tränen: »Etwas Angefangenes aufgeben, Herr Doktor? Das kommt nicht

in Frage. Versuchen Sie es noch drei Tage mit mir! Ich werde meiner Seele inzwischen befehlen, unter allen Umständen Herr über den Körper zu bleiben!« Ihrer manchmal bis ans Unbegreifliche grenzenden Willenskraft gelang es tatsächlich, sich zu überwinden und von da an nicht mehr zu versagen. Die Zusammenarbeit zwischen Arzt und Schwester gedieh vorzüglich.

Ein junger Mensch, der so viel von sich verlangt und dessen Leistungswille keine Grenzen kennt, schwebt in Gefahr, auch in seinem Denken, ja, in seiner gesamten Lebensauffassung allzusehr vom eigenen Willen und von der Leistung her bestimmt zu werden. Wird solch ein Mensch nicht eines Tages, wenn er zu befehlen hat, auch andere überfordern? Julies zarte, aber zähe Natur meisterte Aufgabe um Aufgabe.

Der leitende Pfarrer des Elisabethenstiftes in Darmstadt erkannte diese Entwicklung mit dem besorgten Blick eines erfahrenen Menschenkenners. »Schwester Julie ist einmal für große Aufgaben bestimmt«, sagte er sich. »Aber wir müssen darauf achten, daß sie sich nicht verbraucht, ehe sie ihre volle Reife erlangt! Sie muß nicht nur leisten, sie muß vor allem lieben lernen!«

So wurde Schwester Julie eines Tages zur Weiterarbeit in die Heil- und Pflegeanstalt Stetten im Remstal geschickt, nach Württembergs Klein-Bethel. Diese Zeit in dem alten »Schloß der Barmherzigkeit« ist von meiner Mutter manchmal als das glücklichste Jahr ihres Lebens bezeichnet worden. Das Stettener Bild hatte seinen eigenen Platz in ihrem Zimmer, und ihr Schreibtisch, in der Anstaltsschreinerei sorgfältig für sie gefertigt, blieb ihr zeitlebens ein liebes Andenken.

Julies besonderer Pflegling war die kleine Eve-bebe, das einzige Kind feingebildeter, reicher Eltern. Das Mädchen war so schwachsinnig, daß es während seines kurzen Lebens nur ein einziges Wörtlein lallen lernte: »Ule«. Das bedeutete »Schwester Julie«. Wenn es die Augen geschlossen hatte, war es lieblich anzusehen; sonst freilich sprach der stumpfe Geist aus allen manchmal kaum zu bändigenden Lebensäußerungen.
Das schwache Kind hat dennoch viele Türen im Herzen seiner jungen Pflegerin aufgestoßen: die Türen zur Mütterlichkeit, zur selbstvergessenen Hingabe. »Mein erstes Kind war eigentlich Eve-bebe«, konnte unsere Mutter später mit immer noch wehem Lächeln zu uns sagen. »Sie hat Engelsdienste an mir getan. Durch sie bin ich Mutter geworden. Muttersein bedeutet im Grund nichts anderes als: alles Schwache, Hilflose und Unterdrückte schützend bergen und bejahen. Eve-bebe liebte mich unbeschreiblich. Gegen Ende ihres Lebens ließ sie mich nicht mehr von ihrer Seite.«
»Ule . . . Ule . . .« Mit diesen innig geflüsterten Silben auf den Lippen ist die Kleine gestorben, die Hand ihrer Schwester bis zum letzten Atemzug eine ganze Nacht lang haltend.
Solches Geschehen gehört zu den Geheimnissen des Reiches Gottes. Wer weiß, ob nicht die Liebe der jungen Schwester dem Kind, wenn es in einer anderen Welt aufwacht, den Weg weisen darf zu jener einen großen Liebe, die hinter jeder echten irdischen Liebe spürbar wird?
Der August 1910 brachte ernste Fragen in das Leben der 24jährigen.
Vor mir liegt ein vergilbter Brief des damaligen Leiters

des Marienstiftes in Braunschweig, des väterlich gütigen Kirchenrats Buschmann, der Schwester Julie um die Übernahme der dortigen Oberinnenstelle bittet. Das Mutterhaus unterhielt 47 Außenstationen, 7 Krankenhäuser, 12 Kinderkrippen, Kleinkinder- und Handarbeitsschulen, 3 Heilstätten und 3 Siechenhäuser.

Meine Mutter scheint über dieses Angebot zunächst so erschrocken gewesen zu sein, daß sie postwendend absagte. Bei der großen Kaiserswerther Jahreskonferenz setzten sich aber eine Reihe von Pfarrern und Oberinnen so entschieden für sie ein, daß sie den mannigfaltigen Bitten nicht mehr einfach durch eine Absage ausweichen konnte. Ihr Darmstädter Mutterhauspfarrer Deggau schrieb:

»Liebe Schwester Julie, ich will Ihnen die Verantwortung bei Ihrem jungen Alter nicht leichter machen, als sie in Wahrheit ist. Aber in Wirklichkeit sind Sie innerlich viel reifer, lebens- und menschenkundiger, als Sie selbst es wissen und zugeben mögen. Sie haben von Natur aus die Gabe rascher Orientierung, besonnener Klarheit und dann zugreifenden Taktes, lauter Eigenschaften, die für eine derartige Lebensstellung das Wichtigste sind. Gerade Ihre äußere Jugend bei innerer Reife könnte eher die Herzen auch der älteren Schwestern gewinnen. Wir würden Ihnen zunächst einen längeren orientierenden Besuch und dann eine Vorbereitungszeit in einem anderen Mutterhaus – etwa dem Henriettenstift in Hannover – vorschlagen. Behalten Sie sich ruhig ein Jahr Probezeit vor, und verpflichten Sie sich erst später. Falls Sie nicht gleich wieder ablehnen müssen, würde dies ein großer selbständiger und gesegneter Lebensberuf für Sie werden, wie Sie ihn sich nicht köstlicher denken könnten . . .«

In den Stunden schwerer Entscheidungen sind wir meist sehr allein. Auch die Nächsten und Liebsten bleiben einen Schritt zurück. Welches war der rechte Weg? Die Ihrigen brauchten sie doch auch immer einmal wieder zu Hause! War es Selbstüberschätzung, wenn sie zusagte? War es Angst vor der Verantwortung, wenn sie ablehnte?

Sie erbat sich ein Vierteljahr Bedenkzeit, die ihr gern gewährt wurde, weil sie zugleich auch einer längeren Erholungspause bedurfte. In der Stille ihres Dorfes hoffte sie, die richtige Entscheidung zu finden.

Fest vertrauend, daß ihr der rechte Weg zur rechten Zeit gewiesen werde, griff sie daheim alle Arbeiten an, die sich ihr boten.

Mit Verwunderung blickten die Eltern auf ihre hochgewachsene, selbständige Tochter. Julie dachte nicht daran, sich zu erholen. Die Mutter, noch in voller, fast jugendlicher Schaffenskraft, verstand sich nicht sofort darauf, der Tochter einen würdigen Arbeitsplatz neben sich einzuräumen. Aber Julie wußte sich zu helfen: man muß nur die Arbeit dort suchen, wo der andere sie sich aus der Hand nehmen läßt, weil er sie ungern tut. »Gib mir die Wäsche, Mama; gib mir die Hühner; überlaß mir den Frühdienst!«

Ihr Vater war damals als Landtagsabgeordneter viel unterwegs; der wesentlich jüngere Bruder besuchte noch die Schule. So besprach sie mit Papa die Arbeiten in Stall und Feld und war stolz darauf, ihn bald vertreten zu können.

Am wichtigsten aber blieb ihr die Arbeit an den Kranken im Dorf. In kürzester Zeit wurde aus dem »Fräulein Julie« eine »Schwester Julie«. Daß dieser damals im Dorf noch ganz ungewohnte Dienst freiwillig und ohne Entlohnung geschah, machte ihn zu einer besonders dankbaren Aufgabe. Blumen, leuchtende Gesichter, liebevolle Aufmerksamkeiten waren Schwester Julies Lohn. Eine fast ehrerbietige Bewunderung für dieses ungewöhnliche Tun eines jungen Mädchens, »das es doch gar nicht nötig hatte«, erfüllte die Dorfbewohner. Denn es gab damals auch noch ganz arme Leute. Sie wohnten draußen im Vordorf. Bei ihnen hatten Läuse, Flöhe und Wanzen Hausrecht. Julies Angehörige lebten in ständiger Sorge, wenn die Pflege sie in solch ein Haus führte. So richtete sie sich in der großen Waschküche einen Umkleideraum ein. Aber sonst ließ man sie gern gewähren, und wenn sie manchmal gar zu herzbewegend von einem Schwerkranken erzählte, stieg der Vater in den Keller, um ihr eine Flasche Wein zu holen.

Es lag in Julies Natur, den Dingen auf den Grund zu gehen, und so betrat sie ab und zu auch das Rathaus, um den Schultheißen (Bürgermeister) auf Mißstände im Armenhaus oder auf sonstige Unzulänglichkeiten aufmerksam zu machen, die dann auch stets rasch behoben wurden. Im geräumigen Flur des benachbarten Pfarrhauses stellte ihr die Gemeinde einen Arznei- und Verbandsmittelschrank zur Verfügung. So ergab sich eine enge Verbindung zur Pfarrfamilie, und oft fanden sich Seelsorger und Schwester am gleichen Krankenbett zusammen.

Die Bedenkzeit war um. Julie war so rasch und sicher in ihre selbstgestellte Gemeindeschwesteraufgabe hin-

eingewachsen, daß sie plötzlich ganz sicher zu wissen glaubte: ich darf diese schlichte Arbeit nun nicht einfach liegen lassen. Außerdem bin ich wirklich noch zu jung für eine so große und vielfältige Verantwortung. Braunschweig, Hannover und Darmstadt erhielten Bescheid, Schwester Julie fühle sich einer solch schwerwiegenden Aufgabe noch nicht gewachsen und wolle erst noch lernen, im Kleinen einen treuen, aber nicht weniger wichtigen Dienst zu tun.
Es war Samstag, als Julie die drei Briefe in den Schalter schob. Hatte der Entschluß sie doch mehr Kraft gekostet, als sie sich eingestehen wollte? Am Sonntag darauf sprach der Pfarrer sie nach der Kirche an: »Schwester Julie, Sie sehen ein bißchen angegriffen aus. Wie wäre es – da heute ein so wunderbarer Herbsttag ist –, wenn wir Sie zu einem Familienspaziergang einladen dürften? Wir würden uns herzlich freuen, wenn Sie heute nachmittag mitkämen!«
Man wanderte hinaus in die Löwensteiner Wälder. Der Rückweg führte am Hofgut Breitenau vorbei.
»Hier war ich noch nie«, verwunderte sich Julie.
»Dann müssen wir aber in den Hofraum hineingehen«, ermunterte sie der Pfarrer. »Um diese Zeit ist kein Mensch um den Weg. Wir kommen ja öfters hier vorbei. Diese Ordnung und Sauberkeit, diese sonntägliche Ruhe und der Friede hier oben – das müssen Sie sich ansehen, das ist etwas Besonderes. Ich genieße das immer!«
Als Julie am Abend sichtlich erquickt den Eltern vom Spaziergang erzählte, nickte der Vater: »Ja, der junge Mann dort oben in Breitenau setzt sich durch. Der Hof ist ja finanziell gefährdet. Der Vater ist schon vor drei

Jahren gestorben. Aber alle sind der zuversichtlichen Meinung, daß der Sohn den Betrieb durchreißt.«

Am Montag war Julies Waschtag. Der Postbote grüßte zur offenen Tür herein. »Hier – ein Brief für Sie, Schwester Julie!« rief er durch den Dampf.

Befremdet studierte sie den Absender. Der Brief kam vom Hofgut Breitenau, von jenem jungen Landwirt, aber das Datum des Poststempels zeigte bereits den Samstag; er konnte also nicht mit ihrem gestrigen Spaziergang zusammenhängen. Während ihr zweiter Waschkessel zum Kochen kam, las sie die ersten Zeilen – dann flüchtete sie bestürzt in ihr Stübchen.

Das Feuer im Waschkessel erlosch. Denn der Brief war lang und seltsam. Aber noch unfaßlicher waren die Dinge, die zwischen den Zeilen standen. Hatte da ein junger Mann seit Jahren liebevoll und ehrfürchtig ihren Weg beobachtet, ohne daß sie etwas davon geahnt hatte! War es möglich, daß ein Mensch so viel von ihr wußte – mehr als Eltern und Geschwister oder sonst jemand auf der Welt? Nur echte Anteilnahme konnte solches Wissen empfangen und auf solch behutsamen, feinen Spuren ihr Mädchenleben nachempfinden!

Sie fand keinen Schlaf in der folgenden Nacht. Wie oft stehen wir vor einem Geschehen in unserem Leben, für das wir nach einer Deutung suchen, weil die Zusammenhänge gar so merkwürdig sind! Hatte sie deshalb am Samstag ihre Absage geben müssen, um am Sonntag erstmals die Heimat des jungen Mannes zu sehen? Er schrieb von seiner Arbeit, von seinen großen Sorgen, von der schwierigen finanziellen Lage. Er hoffte aber, nun über dem Berg zu sein. Darum habe er nach Jahren der Zurückhaltung den Mut gefunden – er glaubte nun, ein Recht dazu zu haben –, ihr zu sagen, was er für sie empfinde und was sein höchster Wunsch auf dieser Erde sei.

Die Aussprache mit den Eltern am anderen Tag war herzlich, aber sehr bewegt. Der Vater sprach mit Achtung und Wärme von dem jungen Mann. Die finanziellen Fragen werde man gegebenenfalls prüfen müssen. Die eigentliche Entscheidung müsse jedoch ganz allein ihr selbst überlassen bleiben.

Ihre Antwort auf den Brief war freundlich, aber zurückhaltend. Sie schrieb von ihrer Überraschung, der ihr liebgewordenen Arbeit und bat um Verständnis, daß sie sich gewiß nicht rasch entscheiden könne. Es folgte dann ein Briefwechsel, der ihr von Mal zu Mal die Entscheidung leichter und sicherer werden ließ. An Pfingsten 1911 feierten die beiden sehr glücklichen Brautleute ihre Verlobung. Aber selbst an ihrem Verlobungstag ließ Julie sich nicht abhalten, den Dienst an ihren Schwerkranken zu tun. Die Tochter des alten Herrn P. erzählte mir, daß sie es nie vergessen werde, wie gern sich Schwester Julie an diesem Tag von ihrem Verlobten mit der Pferdekutsche zu ihrem kranken Vater habe fahren lassen.

Es ist meiner Mutter nicht leicht geworden, den geliebten Beruf aufzugeben, vor allem auch, weil ihr bewußt war, daß eine nicht weniger ernste Lebensaufgabe auf sie wartete. Noch Jahre später, wenn der große Gutshaushalt und wir Kinder ihre Kräfte bis zum Rande anspannten, spürten wir ein Nachklingen jener entscheidungsvollsten Zeit eines Frauenlebens. »Wenn ich nicht ganz sicher gewußt hätte, daß euer Vater mich braucht, so wie ich bin, dann hätte ich es bestimmt nicht gekonnt. Eine Frau, die ihren Beruf wirklich liebt, kann das Opfer des Verzichts nur um einer höheren Aufgabe willen aufrichtig und lebendig vollziehen. Daß ich diese Aufgabe immer sah, auch in den dunkelsten Stunden, ist das Verdienst eures Vaters gewesen . . .«

Wie rückten wir Kinder aber dann jedesmal zusammen, wenn Mutter von ihrem Hochzeitstag im Mai 1913 erzählte! Die Dorfkinder hatten einen Blumenteppich von Julies Elternhaus bis zur Kirche gestreut. Sonne und Liebe breitete sich über alle Wege, die Alten und Kranken schüttelten der Braut weinend die Hand zum Abschied.

Schluchzend drückte der alte Schultheiß und Ratsschreiber Maurer der ebenfalls schluchzenden Braut das Geschenk der Gemeinde in die Hand. Die ganze Gesellschaft war im Begriff, sich in Tränen aufzulösen. Da rettete ein kleiner Hochzeitsgast die Situation: »Tante Julie, eben sind die Störche übers Haus geflogen! Da bekommst du gewiß einmal ganz viele Kinder!«

Mit einem Lied, einem der letzten, das sie geschrieben hat, nahm sie Abschied von ihrer Jugendzeit:

Mein Tag steht, Herr, in deiner Hand,
der Tag von heut und morgen.
Geschieht, was du mir zugesandt,
was sollt ich lange sorgen?
Ob gute Zeit, ob böse Zeit,
ob Sonnenschein, ob Herzeleid,
es ist ja nichts, was mir nicht frommt,
wenn es aus deinen Händen kommt.

Herr, lehre du mich dankbar sein
und offne Augen haben,
nicht so vergeßlich, nicht so klein
für deiner Liebe Gaben!
Lehr mich in allem auf dich sehn,
gehorsam auch durch Dornen gehn,
und friedevoll, getrost und still,
wenn's um mich dunkel werden will!

Was heut an Schwerem vor mir liegt,
vor dem mein Herz möcht zagen,
das hilf mir, als von dir geschickt,
mit tapfrem Herzen tragen!
Es klingt durch Glück und alle Freud,
durch Not und alles Herzeleid
ein Glockenton der Ewigkeit:
In deiner Hand steht meine Zeit.

Die Silvesterglocken der Willsbacher Dorfkirche läuteten das Jahr 1914 ein.

Am Fenster des Gutshauses in Breitenau stand die junge Frau und lauschte in die Nacht hinaus, um vielleicht das heimatliche Glockenläuten zu vernehmen. Aber immer wieder schrak sie zusammen, denn das Neujahrschießen von den Löwensteiner Bergen hallte weit ins Weinsberger Tal hinab. Ein Wind kam auf; tausend bange Fragen nahm er mit sich in die Nacht hinein, obwohl noch niemand wußte, welch furchtbares Geschehen in diesem Jahr die ganze Welt erschüttern sollte.

Auch die junge Frau war voll Bangigkeit. Die Umstellung vom Beruf auf das Leben eines Gutshaushaltes

war schwerer für sie gewesen, als sie vermutet hatte. Sie wagte sich kaum einzugestehen, daß sie oftmals an den neuen, so andersartigen Verhältnissen scheiterte. Ein neuer, großer Geschwisterkreis suchte Heimat bei dem jungen Paar: sechs Kinder einer jung verstorbenen Schwägerin waren mitzubetreuen. Die Schwiegermutter, die schon einer Reihe von Kindern ins Grab nachgesehen hatte, war eine fleißige, von unbekümmerter, heiterer Frömmigkeit geprägte Frau. Sie konnte die Dinge nehmen, wie sie kamen. Auch war sie voll Freude an allem, was lebte, namentlich im Garten. Julie fühlte, daß mancherlei von der Schwiegermutter zu lernen sei; aber diese war in ihrem einfachen, der Gegenwart zugewandten Wesen in allem das Gegenteil von ihr selbst, die sich in strenger Disziplin übte und gern alle Aufgaben mit einem klaren, starken Willen gemeistert hätte. Sie kam nun oft gar nicht mehr mit sich zurecht. Das Leben schien an diesem Abend genauso dunkel vor ihr zu liegen wie die unruhige Silvesternacht. Sie wurde von Ahnungen geplagt; das lag in ihrem Wesen. Oft erfüllten sie sich nicht, aber an diesem Abend wollten sie sich nicht verscheuchen lassen.
Schon die ersten Wochen des neuen Jahres forderten schwere Entscheidungen. Die Darlehensgeber zogen sich plötzlich zurück: der junge Mann hatte ja nun geheiratet, jetzt sollte die Familie der jungen Frau für das Weiterkommen des Hofes einstehen. Dazu fand aber Julies Vater so allein nicht den Mut. Niemand wußte, daß er nur noch kurze Zeit zu leben hatte, aber vielleicht hinderte ein heimlich beginnendes Leiden die notwendige Entschlußkraft.
So blieb kein Ausweg: Der Hof mußte so rasch wie

möglich abgegeben werden. Meinen Vater traf der Verzicht auf die Weiterarbeit härter als meine Mutter. Für ihn bedeutete die Abgabe des Hofes mehr als das Verlassen der Kinder- und Jugendheimat. Er hatte erst im Vorjahr mit Sorgfalt und Geschick das Wohnhaus für den Empfang seiner jungen Frau herrichten lassen, er hatte sogar bereits elektrisches Licht gelegt, was damals auf Einzelhöfen noch eine Seltenheit war. Mit seiner ganzen jugendlichen Schaffenskraft hatte er sich seit dem frühen Tode des Vaters unter vielerlei persönlichen Opfern für den Hof eingesetzt. Er hatte ganz selbstverständlich seine Lebensarbeit darin gesehen. Und nun sollte innerhalb weniger Wochen jegliches Zukunftsplanen zu Ende sein?

An Lichtmeß (2. Februar) schwankten die Möbelwagen, die wenige Monate zuvor die Aussteuer der jungen Frau die Anhöhe zum Hof hinaufgefahren hatten, wieder hinunter nach Willsbach. Meine Mutter erzählte einmal selbst vom Abend des Abschieds:

»Ein Vorfrühlingssturm brauste von den Bergen herab, als die Möbelwagen hinter der Straßenbiegung verschwanden. In seltsamer innerer Erstarrung betrat ich nochmals das leere Schlafzimmer, das gerade in den letzten Wochen so viele Gebete, Anfechtungen und heimliche Tränen miterlebt hatte. Es war dunkel, ich mochte kein Licht mehr entzünden. Nur das Laternchen wollte ich noch abholen, das zuletzt noch an einem Nagel an der Wand hing, denn wir brauchten es für den Heimweg nach Willsbach. Euer Vater und ich wollten ganz still und ohne Aufsehen den Hof verlassen und den bitteren Gang in eine Zukunft tun, die noch in völligem Dunkel lag.

Da aber stand das Laternchen bereits entzündet neben einem leuchtend frischen Azaleenstock auf dem Fensterbrett. Unsere damalige liebe Stütze hatte es heimlich dort hingestellt. Die roten Blüten strahlten in die Dunkelheit hinein und redeten eine deutliche Sprache: Du wirst sehen, es wird noch einmal alles recht werden. Versuche zuerst einmal, dein eigenes Planen fahren zu lassen und dich der großen, unsichtbaren Führung deines Lebens wie einer Meeresflut anzuvertrauen. Sie wird dich tragen!
Mit dem Azaleenstöckchen im Arm und dem Laternchen in der Hand gingen die beiden jungen Leute dann allein den finsteren, schweren Weg durch die Februarnacht in das Dorf hinab. Noch wußten sie keinen Schritt weiter. Denn wenn auch die Heimat zunächst einen Unterschlupf geben konnte, so bot sie doch keine Lebensaufgabe. Aber das Azaleenstöckchen leuchtete wie ein Stern. Es hat von jenem Tag an nie mehr auf Vaters oder Mutters Geburtstagstisch gefehlt. Selbst in den Kriegsjahren, da man nur mit Mühe einen ordentlichen Kuchen zustande brachte, wurde doch jedesmal von irgendwoher ein Stock mit der Fülle seiner leuchtenden Blüten aufgetrieben.
Meine Mutter hat später viele Geflüchtete und Verfolgte mit diesem Abschnitt ihres Lebens getröstet. Sie hat es erfahren: Der Weiterweg ist bereit, und der Segen einer solchen Zeit wird eines Tages offenbar. Man lernt alles Unwesentliche abstreifen. Damals war es dunkel von außen und innen. Aber in dieser Nacht, da keines der beiden schlafen konnte, war bereits ein Brief unterwegs. Ein junger, noch unverheirateter Freund bat meinen Vater, ihm bei der bevorstehenden Neu-

pachtung eines badischen Gutes zu helfen. Er fragte gleichzeitig an, ob dieser nicht Lust habe, sich finanziell an dem Betrieb zu beteiligen und zusammen mit seiner Frau die Verwaltung und die Hauswirtschaft zu übernehmen. Am anderen Morgen brachte meine Mutter die Botschaft aufs Feld, wo mein Vater sich bereits Arbeit gesucht hatte.

Mitten im Dorfe Hohenwettersbach im Landkreis Karlsruhe liegt der große Gutshof mit seinen stattlichen Gebäuden. In einem freundlichen, weißgekalkten Häuschen wirtschaftete meine Mutter mit ganz neuer Frische und Fröhlichkeit, bis das Pächterhaus beim Hof einzugsbereit war.

Der Frühling des Jahres 1914 – war er wirklich so zauberhaft schön, wie meine Mutter ihn schilderte? Sie muß sehr glücklich gewesen sein in dieser ersten Hohenwettersbacher Zeit. Lange nach ihrem Tode traf ich einmal eine Hohenwettersbacher Frau. Sie zeigte mir einen alten Herd, strich mit behutsamer Hand darüber und sagte, während ihr die Tränen über das faltige Gesicht liefen: »An diesem Herd hat die junge Frau Hege damals gekocht! So frisch und tapfer war sie, und man konnte mit allem zu ihr kommen, mit Schmerzen des Leibes und der Seele. Sie hat im ganzen Dorf nach den Kranken gesehen! Ach, damals wußte noch niemand etwas von dem schrecklichen Krieg . . .«

Die letzte Maiblüte vor dem Blutvergießen! Ob wirklich niemand das Kommende ahnte? Julies Vater verfolgte alle politischen Ereignisse mit brennender Teilnahme. Mit einer eigenartigen Hellsichtigkeit erkannte er den Ernst der Lage. Als Julie ihn im Frühsommer besuchte – er fühlte sich nicht ganz wohl –, nahm er ihre Hand: »Ob wir uns noch einmal sehen werden? Es kommen schwere Zeiten! Diese völlige Einkreisung Deutschlands hat etwas Unheimliches. Ich hätte nicht mehr die Kraft, einen Krieg zu überstehen. Ihr Jungen wißt das nicht, aber ich habe aus meiner Kindheit den Siebziger Krieg noch genau in Erinnerung!«

Wenige Tage später, am 22. Juni 1914, trugen sie Großvaters Sarg über die Schwelle des alten Hauses. Erst 56 Jahre war er alt. Noch viele Jahre danach, als ich schon so groß war, daß ich bei meiner Mutter einhängen konnte, vermochte sie nie ohne innere Bewegung von Großvaters Grab wieder ins Leben zurückzukehren. Über ihrem Schreibtisch hing sein Bild bis zu dem Tag, da ihr eigenes von uns an diesen Platz gehängt wurde.

Fünf Wochen später brach das Ungewitter los: Die Mobilmachung setzte ein.

In Hohenwettersbach hatte die Ernte begonnen.

Wir, die nachfolgenden Generationen, können uns kaum mehr in jene, uns fast religiös anmutende, vaterländische Begeisterungswelle hineinversetzen. Die Worte »Krieg« und »Sieg« ergeben bei uns keinen Reim mehr wie damals in den ersten Kriegsmonaten, als kaum jemand ahnte, daß das Wort »Krieg« seine furchtbaren, nie mehr weichenden Schatten über unser Jahrhundert werfen sollte.

Mein Vater blieb aus betriebswirtschaftlichen und gesundheitlichen Gründen vom Wehrdienst befreit. Die Kriegsbewirtschaftung erforderte in der Tat viel Umsicht und Einsatz. Es wurde von Jahr zu Jahr schwieriger, männliche Arbeitskräfte und geeignete Gespanne

zu bekommen. Selbsttätige Maschinen fielen im Gegensatz zu heute nicht ins Gewicht.
Eines Abends – es ging schon in den Winter hinein – kam eine schlichte Bäuerin: »Frau Hege, unsere Soldaten brauchen wollene Socken. Wir müssen für den Winter eine Strickstube einrichten. Wir wissen keine Frau im Dorf, die das besser könnte als Sie!«
Eine Strickstube einrichten – und nicht stricken können! Da war er also wieder, der leidige Strickstrumpf, dem sie ein halbes Leben lang davongelaufen war! Eine von allen verehrte Gutsfrau, die nicht stricken konnte! Aber der Strickstrumpf würde sie verfolgen; ihm war anscheinend nicht auszuweichen.
In ihrer Not erinnerte sie sich eines Antrittsbesuches auf dem großen, einsam gelegenen Nachbarhof drüben über der Höhe. Mit der ihr angeborenen herzlichen Natürlichkeit war sie auf die Nachbarin zugegangen, in der festen Absicht, in ein schwesterliches Verhältnis mit ihr zu kommen. Man war ja in solchen Zeiten doppelt auf gegenseitige Hilfe angewiesen. Jene junge Frau aber war bedrückend einsilbig und unnahbar geblieben und beschäftigte sich dabei so eingehend mit Stricken, daß meine Mutter schließlich nichts anderes zu sagen wußte als: »So gut habe ich noch niemanden stricken sehen!«
Ob sie wohl bei der schweigsamen Nachbarin das Strikken erlernen könnte? Durch die herbstlich stillen Felder wanderte sie zum Nachbarhof hinüber. Mehr als einmal biß sie sich auf die Lippen, denn sie war von Natur ein sehr stolzer Mensch, und diese Demütigung kam sie hart an. Aber sie fühlte: Genau das wird jetzt von mir verlangt. Sie ahnte ja nicht, daß die Nachbarin

sie in scheuer Innerlichkeit längst in ihr Herz geschlossen hatte. Als meine Mutter jedoch mit Wollknäueln, Stricknadeln und großer Verlegenheit vor ihr stand und ihr Vorhaben beichtete, leuchtete es in den dunklen Augen auf: »Ich möchte gar nichts Lieberes tun, als dich das Stricken lehren!« Dieses Leuchten war von einer solchen Tiefe und Wärme, das »Du« von einer solch selbstverständlichen Sicherheit, daß meine Mutter von diesem Augenblick an wußte: Sie ist mir eine Schwester fürs Leben!
So saßen denn die beiden Frauen miteinander auf dem Sofa in der holzgetäfelten Bauernstube; die Kuckucksuhr tickte, als wäre tiefster Friede. Und wenn auch nicht viel mehr erreicht wurde als ein paar Handgriffe »zum Anleiten«, so knüpfte doch der Faden jenes Strickstrumpfes eine lebenslange Freundschaft. Nie mehr hat die Mutter von da ab zu stricken brauchen, denn nun brachte jedes Weihnachtsfest ein Päckchen feinster Socken von der »Tante« für unseren Vater und, wenn es nötig war, Strümpfe für die Mutter oder für uns. Die Hohenwettersbacher Strickstube aber blühte; meine Mutter las vor, erzählte oder besprach praktische Fragen mit den Frauen. Als man im Frühjahr auseinanderging, freuten sich alle schon auf den kommenden Winter, »falls man noch Soldatensocken braucht und der Sieg nicht längst erfochten ist«.

Im Jahre 1915 wurde unser ältester Bruder Rolf geboren. Es waren ernste, harte Tage, bis der kleine Junge endlich da war. Meine Mutter hat es bei allen Geburten schwer gehabt. Es schien ihr, der Starken und Beherrschten, nicht gegeben, sich einem naturhaften Geschehen willenlos zu überlassen. Aber ihre gesunde Natur erholte sich jedesmal, trotz allem, rasch wieder. Der kleine Rolf war ein gemütswarmes Kind mit ruhigen, dunklen Augen; sein gutherziges, freundliches Vertrauen öffnete ihm die Herzen. Einc besondere Liebe empfand das Kind für alles, was lebte, namentlich für die Tiere. Immer hatte Rolf irgendein hilfloses Wesen in Pflege. Als Dreijähriger brachte er eine ganze Hosentasche voll eben geborener, nackter Feldmäuse mit nach Hause: »Mutterle, man tann sie doch nich so allein lassen draußen in Feld!«

Rolf war bald der erklärte Liebling des Hofes. Als eines Tages vierzig gefangene Franzosen, die auf dem Hof arbeiten sollten, mit finsteren, verstockten Gesichtern ankamen, trollte das Bübchen auf sie zu und begrüßte sie auf Kinderkauderwelsch wie alte Bekannte. Der Bann war gebrochen, die Gesichter lockerten sich, und schon wurde der kleine Junge von Arm zu Arm gereicht. Obwohl er kein Wort verstand, unterhielt er sich liebenswürdig mit den Männern, bis meine Mutter aus dem Hause trat und sie dank ihrer Pensionatszeit in fließendem Französisch herzlich begrüßen konnte.

1917 bekam Rolf in unserem Bruder Albrecht einen Spielgefährten, und in der Weite des Hohenwettersbacher Hofes wackelten die beiden Bürschlein bald mit männlicher Unternehmungslust Hand in Hand einher.

Die Kriegsjahre dehnten sich. In den Städten regten sich Not und Entbehrung. Tausend Hände hätte man haben mögen, um überall zu helfen! Das Jahr 1918 lastete besonders schwer auf allen Gemütern. Monat um Monat verstrich. Niemand konnte ein Ende absehen.

Da geschah etwas, was die Menschen mit neuem Schrecken erfüllte: Im Oktober brach eine schwere Grippeepidemie aus. Es war, als hätte der Tod nicht genug gemäht auf den Schlachtfeldern Europas und als holte er nun erst zum entscheidenden Sensenschnitt aus. Wie oft standen nun zwei Särge zugleich in der Diele desselben Hauses!

Meine Mutter wurde in dieser Zeit gefordert wie kaum jemals zuvor und danach. Die Leute im Dorf suchten Schutz und Hilfe bei ihr. Sie steckten einfach den Kopf zur Küchentür herein: »Wo ist das Mutterle? Sie soll schnell kommen! Bei uns ist schon wieder jemand krank!« Dank ihrem pflegerischen Können gelang ihr oft entscheidende Hilfe. Sie mußte unsagbar viel leisten in jenen Wochen. Doch erzählte sie gern von dieser Zeit. Wenn ein Mensch bis zum Letzten gebraucht wird, entfalten sich neue, ungeahnte Kräfte. Diese Kräfte überwanden bei ihr sogar die Ansteckung. In einer Nacht, während ihr Mann weg war, mutete sie sich, hoch fiebernd, eine gefährliche Roßkur zu. »Daß ich hindurchkam, war nicht mein Verdienst. Vielleicht hat Gott alle die hilflosen Menschen angesehen, die meine Hände brauchten!«

Den Höhepunkt erreichte die Epidemie im Lager der Franzosen. Die Gefangenen schrien vor Angst und Heimweh. Nun hatten sie den Krieg überstanden – und sollten als Gefangene umkommen! Die Gesunden ließen ihre kranken Kameraden aus Furcht vor der Ansteckung jämmerlich im Stich. Wer weiß, was geworden wäre, hätte die Mutter hier nicht entschlossen eingegriffen! Mit zum Schwersten gehörte jener Augenblick, als der von allen geliebte Duron am Morgen seines Todestages meine Mutter mit sterbenswehem Blick bat: »Bitte, bitte Rolf!« Er wußte zu Hause ein Bübchen im gleichen Alter, das er nie gesehen hatte. »Als ich ihm diese Bitte abschlagen mußte, meinte ich erstmals, nun gehe die Last doch über meine Kraft!«

Aus jenen Tagen ist ihr der Name »Mutterle« bis an ihr Lebensende geblieben. Eigentlich paßte diese Bezeichnung nicht sonderlich zu ihrer starken, groß angelegten Persönlichkeit mit dem untrüglichen Blick für Dinge und Menschen. Dennoch nannten sie auch späterhin die aufsässigen und die schwierigsten Melkerburschen nur »das Mutterle«.

Der November 1918 brachte die Kapitulation. Eines Abends betrat mein Vater die Küche: »Julie, wir bekommen sofort mehrere hundert Soldaten Einquartierung – mit Pferden!«

Denn nun strömten die rasch aus Frankreich zurückflutenden Truppen in die grenznahen Dörfer und Städte. Der Gutshof war ein besonders wichtiges Ziel für berittene Einheiten. Man hatte inzwischen die sogenannten Soldatenräte eingesetzt, die überall gefürchtet waren. Im Dorf nannte man sie nur »die Roten«. Sie übten einen gefährlichen Einfluß aus. Die Stimmung war äußerst kritisch, ja manchmal geradezu revolutionär. Kein Mensch wußte, wann die Truppen wieder weiterziehen würden. Es kostete meine Mutter viel Kraft, sich durchzusetzen und einigermaßen für Ordnung zu sorgen. Aber es gelang ihr; die mütterliche Fürsorge für Gesunde und Kranke verschaffte ihr bald hohe Achtung. Jedoch ging ein sichtliches Aufatmen durch ihr Herz und durch das ganze Dorf, als kurz vor Weihnachten der Hof wieder frei wurde.

Meine Eltern hatten inzwischen den Plan gefaßt, sich wieder nach einem eigenen Betrieb umzusehen. Zwei treue Freunde sagten ihre Hilfe zu. Die inzwischen erworbenen Mittel und die Hilfe von Mutters Elternhaus hätten entweder den Kauf eines kleineren Hofes oder aber die Pachtung eines größeren Betriebes erlaubt. Meine Mutter, selbst auf einem angestammten, schönen bäuerlichen Betrieb aufgewachsen, entschied sich ihrer Natur gemäß für den Kauf. Mein Vater jedoch, auf einem Gutshof aufgewachsen, empfand keine Freude an einem kleinen Betrieb, ihm schien eine Pachtung sinnvoller.

Eines Tages stand im Landwirtschaftlichen Wochenblatt von Württemberg die Hofdomäne Hohebuch im Kreis Öhringen (Hohenlohe) zur Neuverpachtung ausgeschrieben. »Du wirst dich doch nicht etwa bewerben wollen?« fragte die Mutter, als sie den Vater so eifrig am Überlegen sah. »Hohebuch ist ein schlechter Hof. Ich weiß das von zwei früheren Pächtern, die sich bei Willsbach angekauft haben. Schwere, nasse, kalte Böden sind das – und das Klima ist rauh, weil das Land dort so offen ist. Der jetzige Pächter will auch schon wieder weg, und dabei ist er noch im besten Alter und gar nicht lange dort! Es stimmt nicht mit dem Hof! Bedenk den Verlust einer einzigen Mißernte! Er ist fast 600 Morgen groß!«

»Ansehen kann man ihn doch auf jeden Fall«, meinte der Vater hoffnungsvoll und machte sich mit seinen beiden Freunden auf den Weg.

Es war ein schöner Apriltag des Jahres 1918 nach einem trockenen März. Die Saaten auf den gut ausgeformten Feldern waren schon bestellt. Von stauender Nässe sah

man in ganz Hohebuch an diesem Tag nichts. Auch Vaters Freunde gewannen einen günstigen Eindruck. So entschloß er sich zur Bewerbung.
Der Zeitsituation entsprechend war die Zahl der Bewerber freilich überaus groß. Aber die Wahl fiel auf meinen Vater. Er war voll Zuversicht und Schaffensfreude; die schwierige Aufgabe lockte ihn. Als wir Kinder ihn Jahrzehnte später einmal fragten: »Würdest du Hohebuch heute noch einmal wagen?« erwiderte er halb im Scherz, halb im Ernst: »Das weiß ich wirklich nicht, dazu muß man jung sein! Aber es hat alles so sein sollen!«

An ruhigen Wintertagen bestürmten wir manchmal die Mutter: »Erzähle uns, wie das war, als du zum erstenmal Hohebuch erblickt hast.«
Da erzählte sie:
»Der Vater wünschte, daß auch ich so bald wie möglich unsere künftige Heimat kennenlernen sollte. Es war ein wunderschöner Tag im Mai, als wir auf dem einsamen Waldenburger Bahnhof ankamen. Ich glaube, der Vater hatte diesen Tag mit Bedacht gewählt, weil sich im Sonnenschein alles viel schöner ansieht. Ich war voll Sorge und Kleinmut.
Gleich hinter dem Bahnhof wies mir der Vater die etwa einen halben Kilometer entfernten Gebäude.
›In Hohenwettersbach müssen wir fünf Kilometer zur Bahn fahren‹, sagte er. Hinter dem Bahndamm begannen die Hohebucher Fluren. Ein idyllisches Bächlein schlängelte sich in vielen Windungen durch ein großes Wiesengelände. ›Es sind hundert Morgen an einem Stück, das ist wertvoll‹, fuhr der Vater fort.

›Aber die sind doch naß‹, wandte ich ein, ›sie sind ja ganz gelb vor Hahnenfuß!‹
›Man muß eben den Bach etwas tiefer legen und begradigen!‹
Wir waren bereits beim Park angelangt. Obwohl er nur wenig gepflegt schien, zeugten die ehrwürdigen Bäume und Sträucher in ihrer Anlage von ehemaliger Kultur und behaglichem Wohlstand.
Linker Hand sahen wir nun durch ein hohes, schmiedeeisernes Tor in den großen Hofraum. Die Gebäude wirkten sehr alt, aber die echt fränkische Bauweise, im Viereck angelegt, gefiel mir. Vor dem Wohnhaus stand ein schiefer Ziehbrunnen, der offensichtlich noch benutzt wurde. Höflich, aber mit Zurückhaltung begrüßte uns der Vorpächter. Das Erdgeschoß des Wohnhauses hatte früher als Stall gedient; die Räume wurden jetzt als Geschirrkammer benützt oder waren mit Gerümpel vollgestopft. Die Wohnräume im ersten Stock waren geräumig und in ordentlichem Zustand. Aber als ich die altertümliche Küche betrat, erschrak ich. Neben dem schlechten, nahezu baufälligen Herd stand ein großer Bottich mit Wasservorrat: man mußte also, wie ich befürchtet hatte, alles Wasser am Brunnen schöpfen und die Treppe hinauftragen.
Wir gingen durch die Wirtschaftsgebäude, durch die Pferde-, Kuh- und Ochsenställe. Große, unpraktische Scheunen, wenig Speicherraum für Getreide. Hühner- und Schweineställe hatte man in einigen Winkeln für wenige Tiere eingerichtet. Das Schönste waren die vierzig Kühe, eine stattliche Braunviehherde.
Dann gingen wir beide, der Vater und ich, noch auf die Felder. Wir stiegen die leichte Anhöhe hinter dem Hof

empor, wo die Straße nach Schwäbisch Hall führt. Auf dem großen Haller Feld waren dreißig bis vierzig Schulkinder mit dem Stechen der Disteln beschäftigt, die den jungen Weizen massenhaft überragten. ›Hier oben könnte einmal die Hohe Buche gestanden sein‹, meinte der Vater. ›Nun sieht man nichts mehr.‹
Es war ein wunderbarer Blick über das weite Land voller Blüten und Sonne. Im Süden ragte die Waldenburg ins Blaue des Himmels.
›Ist sie nicht schön, unsere neue Heimat?‹ wandte er sich nun an mich, weil ich die ganze Zeit über so still blieb.
›Hier ist alles voller Hederich‹, sagte ich.
›Das ist um diese Zeit überall so‹, lachte er, ›nicht nur in Hohebuch!‹
Ich seufzte. ›Ich kann mir gar nicht vorstellen, wie man sich hier heimisch fühlen kann. Es ist alles so groß, so weit, so einsam und ganz fremd!‹
›Deshalb siehst du überall bloß Disteln und Hahnenfuß und Hederich und Brennesseln und Ziehbrunnen und altes Gerümpel!‹ rief nun der Vater lebhaft. ›Eigentlich paßt das gar nicht zu dir, liebe Julie! Du gehst doch sonst immer so tapfer an neue Aufgaben heran und gibst nicht viel auf Vorurteile. So wenig Phantasie hätte ich dir gar nicht zugetraut! Kannst du dir denn nicht vorstellen, wie der Hof in ein paar Jahren aussehen wird?‹«
Wenn die Mutter bis hierher erzählt hatte, atmete Rolf jedesmal erleichtert auf: »Wie gut, Mutterle, daß Papa dich zur Vernunft gebracht hat! Hohebuch ist der schönste Ort auf der Welt!«
»Ja, Kind, es ist deine Heimat«, erwiderte die Mutter

dann warm und nickte ihrem Ältesten zu. »Auch mir ist es ja nun zur Heimat geworden.«
Wußte Rolf, wie sehr die Mutter bemüht gewesen war, den stillen Hof liebzugewinnen und mit frohem Leben zu erfüllen? Ihr Erstgeborener wußte manchmal mehr von seiner Mutter als wir anderen. Mit einem glücklichen Lächeln strich sie sich dann allemal über die Schürze, erhob sich und sagte vergnügt:
»Nun haben wir aber lange geschwatzt! Jetzt geht alles wieder flink an seine Arbeit! Denn ich sage euch: geschenkt wird einem nichts in Hohebuch! Das haben wir schon am ersten Tag gespürt!«
Wenn aber ihr Alltag sie erdrücken wollte, stieg sie auf den Waldenburger Schloßturm. Wie sehr liebte sie den Ausblick von hier auf das weite Hohenloher Land mit seinen Feldern, Wiesen und Wäldern! »So kann ich die Dinge und die Menschen von der Höhe aus betrachten«, pflegte sie zu sagen. »Dann weiß ich wieder, daß meine Seele Flügel hat!«

Von jenem Maientag an bis zur Übernahme von Hohebuch blieben meinen Eltern noch neun Monate, die zu sorgfältiger Vorbereitung genutzt werden mußten. Der Vater verhandelte wegen des Inventars mit dem Vorpächter; dieser aber erklärte sehr entschieden, er werde es erst am Tage des Abzugs versteigern. Bedrückt schritt mein Vater auf die Höhe hinter Hohebuch. Durfte man es darauf ankommen lassen, was am Versteigerungstage noch zu erwerben war? Das erschien unmöglich. Alles war ja zwangsbewirtschaftet. Da sein Zug erst gegen Abend fuhr, spazierte der Vater noch 200 m weiter, bis er an eine alte Landbrauerei mit einer stattlichen Gaststätte gelangte. Er besah sich das große, backsteinerne Braugebäude und die stillgelegte Wirtschaft. Schließlich begegnete er dem Verwalter des Anwesens, der ihm bereitwillig allerlei Auskunft gab. Es gehörte einer Stuttgarter Großbrauerei. Vor dem Bau der Eisenbahn (1875) hatte der wichtige Straßenknotenpunkt an dieser Stelle als Postumspannstelle an der Kreuzung Karlsruhe-Nürnberg und Würzburg-Stuttgart eine wichtige Bedeutung gehabt. Die alten Kupferstiche an den Wänden der Gaststätte erzählten von regem Leben. Nun aber lag alles still, man unterhielt nur noch eine kleine Mälzerei und eine Bierniederlage. Beides lohnte aber nicht. Ob der Vater es kaufen wolle? meinte der Verwalter. Man könne es gewiß um einen angemessenen Preis erwerben; ein Käufer sei dringend erwünscht.

Nach einer Rücksprache mit seinen Freunden entschloß sich mein Vater zum Kauf, denn damit war ein wertvoller Stützpunkt für die Unterbringung von Maschinen, Geräten und Zugtieren gewonnen, die man damals Stück für Stück mühsam erwerben mußte. Auch Wohnraum für einen Verwalter und sonstiges Personal war vorhanden. So konnten schon im Herbst die Felder von dort aus bestellt werden, eine Arbeit, die sich der Vorpächter gern abnehmen ließ.

Wir erfuhren später, daß Domäne und Brauerei auch früher schon einmal in gemeinsamer Hand gewesen waren. Ein Vetter des Dichters Eduard Mörike, Sohn eines vermögenden Apothekers in Neuenstadt am Kocher, hatte beide im Besitz gehabt. Von seinen sechs Kindern wollte aber keines den schwierigen Hof übernehmen, und so verkaufte seine Witwe den Besitz 1869 an die württembergische Hofkammer; die Brauerei kam an ein Großunternehmen in Stuttgart. Die jüngste Tochter des Pächters Mörike besuchte uns als alte Dame häufig vom Mörikestift in Neuenstadt aus und erzählte uns Kindern viel aus der Geschichte von Hohebuch.

Beide Anwesen – die Domäne und die Brauerei – waren mit viel Sinn für Naturschönheit und Außengestaltung angelegt; die Parkbäume zeugen noch heute davon. »Hier könnten wir einmal unseren Alterssitz nehmen«, scherzte die Mutter, als sie die Brauerei mit den etwas heruntergekommenen Nebengebäuden zum erstenmal sah. Im Lauf der Zeit wurden eine Malzkaffeerösterei, eine Landmaschinenwerkstätte und eine Schreinerei eingerichtet, die sich alle drei gut entwikkelten.

Es sei erlaubt, dem Gang der Ereignisse hier für einen Augenblick vorzugreifen. Im März 1942 brannte in einer sehr kalten Nacht das große Brauhaus bis auf die dicken Grundmauern ab. Der Wiederaufbau war im Krieg weder erlaubt noch möglich. Er konnte erst 1950/51 nach der Währungsreform durchgeführt werden. Nachdenklich stand mein Vater vor der mächtigen Ruine: »Was machen wir jetzt mit dir? Wenn nur Mutter noch da wäre, damit sie raten könnte! Wohnungen? Das wäre angesichts der bedrängenden Wohnungsnot nicht falsch! Ein gewerblicher Betrieb? Der Gedanke ist verlockend, jedenfalls wirtschaftlich aussichtsreich in einer Zeit, da so vieles zerstört ist.«

Aber es waren ja nicht nur Wohnungen, Gebäude und Fabriken zerstört. Der Zusammenbruch war doch über die Menschen selbst gekommen. Vor allem die Jugend

war vom Dritten Reich her in einer falschen Ideologie erzogen worden und stand ratlos, ja hilflos vor dem Trümmerfeld.
Bald nach dem Zusammenbruch war mein Vater, der nicht der nationalsozialistischen Partei angehört hatte, in die Landwirtschaftsverwaltung gerufen worden. Die der Kirche und dem christlichen Glauben entfremdete Jugend lag ihm besonders am Herzen. In einem kleinen Kreis verantwortungsbewußter Männer aus Kirche und Berufsstand bewegte man den Gedanken, die »Evangelische Bauernschule«, die im Dritten Reich verboten worden war, wieder erstehen zu lassen. Aber wo konnte man ein Unterkommen finden?
Die Frage ließ den Vater nicht mehr los. Er fühlte sie an sich gerichtet. Du veredelst und pflegst Pflanzen, sagte er sich, du züchtest und versorgst Tiere – mußt du nicht noch viel mehr an die jungen Menschen denken? Würde die Mutter, der die Ausbildung junger Menschen immer so besonders wichtig gewesen war, hier nicht mit tausend Freuden »ja« sagen?
So entstand die Evangelische Bauernschule Hohebuch als »Ländliche Heimvolkshochschule« für junge Männer und Mädchen. Diese »Stätte der Begegnung« hat inzwischen schon vielen jungen und älteren Menschen entscheidende Lebenshilfe geschenkt.
Lichtmeß 1919. Wieder einmal wankten die Möbelwagen leer zu einer Hofeinfahrt hinaus. Dieses Mal war es Hohebuch. Meine Mutter hielt einen Augenblick inne, stand an der Tür und dachte: Nun möchte ich am liebsten lange, lange keinen Möbelwagen mehr sehen! Da trat ein alter Bauer auf sie zu. Seine klugen, blauen Augen blickten die junge Frau ernst an: »Ich weiß, was

Hohebuch für ein Hof ist. Schade, ihr seid so tüchtige Leute. Aber das könnt auch ihr nicht schaffen. Man muß die Nachbarn fragen, wenn man wissen will, was los ist. Hättet ihr mich gefragt, ich hätte gesagt: ›Laßt die Finger davon!‹«

Im Lauf der nächsten Monate fuhr dieses Wort mehr als einmal wie ein Nadelstich durch das Herz meiner Mutter. Sollte der alte Nachbar recht behalten?

In jener ersten Hohebucher Zeit erhielt sie einmal den Besuch der damals sehr bekannten schwäbischen Schriftstellerin Auguste Supper, deren Sohn als Praktikant mit eingezogen war. Frau Supper, die sich trotz vieler Schreibarbeiten einen klaren, aufmerksamen Blick für die Notwendigkeiten des Alltags bewahrt hatte, verstand sich sofort mit der jungen Gutsfrau. Sie erzählte von ihrer Arbeit als Hausfrau und »Schreiberin«.

Meine Mutter berichtete später, daß sie am Abend jenes Tages zum ersten Mal ganz gegen ihre Gewohnheit lange untätig vor ihrem Nähtisch am Fenster gesessen sei und einen lieben Traum ihres Lebens für immer versenkt habe: das Schreiben. Am Leben Auguste Suppers wurde ihr plötzlich klar, daß sich die Aufgaben einer Gutsfrau von Hohebuch nicht mit der Aufgabe der schreibenden Muse vereinen ließen. Sie hat sich darin bewußt etwas versagt, denn ihre Natur wies sie zum schöpferischen Gestalten. Aber von dieser Stunde an wußte sie, daß sie nur *einer* Aufgabe ganz dienen konnte. Alles andere würde zu Halbheiten führen. Wer sie einmal an einem Sommermorgen inmitten eines blühenden Flachsfeldes oder an einem sonnigen Rauhreiftag voll sehnsüchtigen Glückes ausrufen

hörte: »Ach seht doch! Diese Schönheit sollte man aufschreiben dürfen und viel, viel Zeit dafür haben!« der ahnt etwas von dem Verzicht, den sie hier um einer notwendigeren Aufgabe willen brachte.
Sie sah diese notwendigeren Aufgaben zunächst angesichts der immer noch bitteren Hungersnot des Nachkriegsdeutschlands. Wie viele Hände mag sie in jenen Monaten gefüllt haben! Eines Tages kam sie strahlend vom Hühnerstall ins Arbeitszimmer meines Vaters, unter jedem Arm eine prächtige Junggans: »Sie sind schon so hübsch fett; ich meine, man könnte sie schlachten! Die erste bekommt unser alter König Wilhelm, die schicke ich gleich heute noch nach Friedrichshafen!«
»Und die zweite?«
»Die bekommt die Flüchtlingsfamilie aus der Ukraine, die in Karlsruhe wohnt. In heutiger Zeit möchte ich keinen anderen Beruf haben als den der Landfrau. Es ist der schönste Beruf, den es gibt!«
In den ersten drei Jahren ging alles recht gut. Es regnete nicht zuviel, und das überaus sonnige Jahr 1921 brachte sogar eine ausgezeichnete Ernte, die den Anfang sehr erleichterte. Es gelang in diesem trockenen Jahr auch tatsächlich, den Bach durch das große Wiesental tiefer zu legen und ihm dabei einen geraden Lauf zu geben.
Als eine der ersten Maßnahmen, die getroffen werden mußten, bezeichnete die Mutter die Verbesserung der Schlafräume für das Personal. Diese lagen damals noch über den Ställen und hatten ihren Zugang auch von dort aus. Der Stalldunst spendete zwar Wärme, aber er war feucht und ungesund. Der Treppenaufgang wurde

nun nach außen gelegt, und die Böden wurden abgedichtet; auch für Heizmöglichkeiten sorgte man. Die Anfälligkeit der Leute gegen Katarrhe und Krankheiten war damit sofort behoben.
Bald gab es auch elektrisches Licht und fließendes Wasser auf dem ganzen Hof. Im unteren Teil des Wohnhauses ließen sich einige sehr hübsche Schlafräume herrichten.
Dann aber kam das nasse Jahr 1922. In diesem einen Sommer wurden alle Illusionen zerstört. Nur eine gründliche Drainage konnte hier Rettung bringen. Aber wie sollte man inmitten der beginnenden Inflationswirren solch große Flächen bewältigen? Mein Vater besprach sich mit dem Leiter des Wasserwirtschaftsamtes und meinte, für solch umfassende Grabarbeiten sei Maschinenarbeit unerläßlich. Dafür gebe es noch keine Maschinen, erklärte man ihm. Aber Handarbeit mußte Jahre dauern und würde ein Vermögen aufzehren. Gab es denn keinen Ausweg?
Eines Tages meldete sich der Ingenieur einer großen Baufirma in Berlin. Seine Firma habe mit einem Schützengrabenbagger aus dem Krieg schon viele Grabarbeiten durchgeführt und zuletzt Kabel von Berlin nach Hamburg gelegt. Nun suche er neue Arbeit für seine leistungsfähige Maschine. Er habe gehört, daß es sich bei uns um eine Strecke von 100 Kilometern handle. Er legte ein überaus günstiges Angebot vor. »In ein paar Wochen haben Sie Ihre Gräben und können die Röhren legen«, versicherte er dem Vater.
»Wenn Sie aber steckenbleiben? Der Boden ist unter der Krume lehmig!«
»Steckenbleiben?« lachte der Ingenieur. »Das ist un-

möglich! Wir haben schwersten französischen Boden spielend herausgebracht. Ich verpflichte mich, beim Versagen der Maschine die Drainage durch Handarbeit bei gleichen Preisen weiterzuführen!«
Nach der Ernte wackelte das Riesenungetüm von Bagger mit großem Gebuller auf den Hof und fing sofort zu graben an. Aber der zähe Boden löste sich nicht von den Grabschaufeln. Sooft man auch reinigte, nach wenigen Minuten waren sie alle wieder voll und schwer.
Mein Vater wollte aber die Maschinenarbeit keinesfalls aufgeben. Er überlegte mit dem Bauführer zusammen eine andere Form der Grabschaufeln, die über einen Abstreifer laufen sollten. Ihre Anfertigung nahm nur zwei Wochen in Anspruch. Und siehe da – jetzt ließen sich die Gräben einwandfrei schaufeln. »Du bringst doch alles fertig!« staunte meine Mutter, als der Vater ihr eines Morgens sein frischgebackenes, amtlich patentiertes Laufwerk erklärte: »Jetzt glaube ich fest, daß wir es doch noch schaffen!«
Bis zum nächsten Frühjahr war das ganze Drainageprogramm durchgeführt. Die erste entscheidende Schlacht um Hohebuch war erfolgreich geschlagen!
Eine zweite, äußerst wichtige Hilfe war die Einführung des ersten Motorpfluges. Das Zeitalter der Technik kündigte sich nun auch in der Landwirtschaft an und bereitete einen grundlegenden Wandel vor.
Das dumpfe Tuckern des ersten Motorpfluges »Sendling« tönte, wie man mir erzählte, bereits in meine Wiege. Im zweiten Hohebucher Jahr wurde ich geboren.
Zwei Jahre später bekam ich ein allerliebstes Brüderchen. Der kleine Joachim war unbestritten der Nied-

lichste von uns allen. Er besaß geradezu unwiderstehlichen Liebreiz. Wir Größeren wurden manchmal etwas neidisch auf seine gesellschaftlichen Erfolge, die er schon mit drei Jahren errang. Wenn es eine Untat auszufressen gab oder wenn es galt, uns bei Besuchen einzuschmeicheln, schickten wir ihn voran und waren des Erfolges sicher.

Meine Mutter war zeitlebens eine Frühaufsteherin und liebte es, auch am Sonntagmorgen alle Betten so bald wie möglich leer zu finden. Sie hielt ein unfehlbar wirkendes Mittel gegen die Bettsucht bereit: jeden Samstagnachmittag kaufte sie für ihre vier Kinder fünf frische Brezeln vom durchfahrenden Bäckerjungen. Die fünfte Brezel empfing der »Erstling« des Sonntagmorgens. Daraufhin war der Sieg über den Bettzipfel eine Kleinigkeit. Aber trotz aller unserer Mühe schwang stets der kleine Joachim die Brezel wie eine Siegestrophäe in seiner Hand. Wir fuhren nicht schlecht dabei, denn er teilte sie mit großmütiger Spendermiene aus: ich bekam das rechte Ärmchen, Albrecht das linke und Rolf den dicken, immer ein wenig versalzenen Bauch.

Hinter Joachims Geheimnis kamen wir lange nicht.

An einem empfindlich kühlen Samstagabend trat die Mutter nochmals an unsere Betten, um uns sorgfältig zuzudecken. Welch seltsam braune Füße der Joachim doch hat! dachte sie; er ist doch frisch gebadet! Bei näherer Betrachtung in dem abgeschirmten Licht ergab sich, daß die Füße in Strümpfen steckten; eine blaue Sonntagshose und ein roter Pullover kamen zum Vorschein. Über diese sonntägliche Herrlichkeit hatte der kleine Junge sein Nachthemd gestülpt, Kamm und

Bürste lagen neben ihm auf dem Kopfkissen. Das Rätsel war gelöst. Von da ab gelang es auch uns anderen Geschwistern hin und wieder, die Brezel zu erringen. Wir beiden Kleinen sonnten uns in der erfinderischen Unternehmungslust unserer beiden großen Brüder. Der Hof mit seinen Scheunen, Ställen und Gärten samt Feldern und Maschinen ließ Raum für alle möglichen und unmöglichen Pläne. Wir zeitigten fast jeden Tag eine neue Idee, die uns bis in die Fingerspitzen erfüllte. »Ihr beschäftigt jedes zwei Schutzengel am Tag!« meinte manchmal unser geliebtes Kindermädchen Martha. So schien jeden Tag die Sonne für uns, und wenn es regnete, war es noch viel abenteuerlicher, denn da gab es Schnecken, Würmer und Kröten zu fangen. Mein Bruder Rolf unterhielt immer eine Art Tierasyl, und wir waren überaus stolz, wenn wir dem großen Bruder etwas Lebendiges bringen konnten. Für uns Kinder hatte der allein gelegene Gutshof wirklich etwas von der Unberührtheit des Paradieses an sich. Pflanzen und Tiere waren Geschwister, die wenigen Menschen waren uns selbstverständlich zugetan, und andere Kinder hatte man keine zu fürchten. Darum bedeutete der Eintritt in die Schule für jedes von uns ein ernüchterndes Aufwachen.

Nachdem der Hof die ersten schweren Krisenjahre überstanden hatte, beteiligte sich meine Mutter voll Freude und Frische am Aufbau. Wer sie bei der Arbeit sah, der dachte: Sie ist die geborene Gutsfrau! Sie selbst wäre sicher nie auf den Gedanken gekommen. Sie war nie ohne Anfechtungen, und nicht alle Arbeiten, die ein Gutshof mit sich bringt, lagen ihr. Es kostete sie viel Mühe und viel Fleiß, sich in die Fragen des Gartenbaus, der Küchen- und Haushaltsführung eines so großen Betriebes, in die Rechnungsführung mit ihren hohen Zahlen, die sie geradezu ängstigten, einzuleben. Mit ungemeiner Treue, Sparsamkeit und Umsicht kümmerte sie sich um die kleinsten Dinge, damit doch ja der Schuldenberg bald abgetragen werden könne. Für sich selbst war sie von einer rührenden Bescheidenheit. Obwohl das Elternschlafzimmer unheizbar war und sie oft unter kalten Füßen litt, leistete sie sich keine Bettflasche. »Man muß doch den jungen Leuten ein gutes Beispiel geben«, sagte sie lachend zu meinem Vater, als er meinte, das sei doch zuviel der Askese. Was meiner Mutter die Einarbeit sehr erleichterte, war zweierlei: ihre Gabe der Menschenführung und – in wunderbarer Ergänzung dazu – die Anwesenheit der Hohenloher Bauerntöchter, die als Lehrlinge nach Hohebuch kamen. Wie fröhlich erblühten die oft unscheinbaren, schwerfälligen Dorfkinder innerhalb eines Jahres unter ihrer Hand! Sie gewannen Vertrauen zu sich und ihrer Leistung, wurden tüchtig, umsichtig und gewandt im Auftreten. Sie verehrten das »Mutterle« über alles. Natürlich gab es auch manche Not zu bestehen. Die Praktikanten übernahmen oft nur zu gern eine ritterliche Beschützerrolle gegenüber den Mädchen. Aber mit seltsamem Ahnungsvermögen für heikle Situationen hat die Mutter manch einen dieser jungen Menschen vor einem krummen Weg bewahrt. Sie trug nicht leicht an der Verantwortung für die jungen Menschen, und nicht alle dankten ihr diese Fürsorge. Manche lernten erst später, wenn sie selbst im reifen Leben standen, den Wert ihrer Persönlichkeit

schätzen und vergalten ihr diese Mühe dann häufig mit besonderer Anhänglichkeit, Treue und Dankbarkeit.
Ein Mädchenwechsel brachte oft viel Heimweh mit sich. Die Umstellung von der Geborgenheit eines Dorfes und einer eigenen Familie auf die Atmosphäre eines großen Betriebes fiel den meisten Mädchen ein wenig schwer.
Besonders gut erinnere ich mich dabei an das rotbakkige, flinke Mariele. Das hatte mit seinen zwanzig Jahren erstmals sein liebliches Walddorf verlassen. Vierzehn Tage nach seiner Ankunft huschte es eines Morgens, ganz blaß vor Kummer, ins Wohnzimmer:
»Frau Hege, es tut mir leid, daß ich mein Wort brechen muß, aber wenn ich nicht nach Hause kann, gleich heute, dann muß ich sterben!«
Meine Mutter verstand sich aufs Heimweh. Sie hatte aber auch bereits den goldtreuen Kern des Mädchens entdeckt und schätzen gelernt.
»Wie wäre es, Mariele, wenn Sie es nochmals vierzehn Tage oder drei Wochen aushalten könnten? Das kann man, ich weiß es. Falls das Heimweh dann noch nicht vorbei ist, dürfen Sie nach Hause. Ich muß mich nur erst nach einem Ersatz umsehen – das wird schwer halten; es könnte ein tüchtiges Menschenkind aus Ihnen werden!«
Getröstet griff das Mariele wieder nach seiner Arbeit. Die drei Wochen gingen vorüber – da war es eine der Fröhlichsten, Fleißigsten und Gewissenhaftesten unter der Mädchenschar. Als es nach über zwei Jahren unser Haus verließ, gab's bei uns und ihr bittere Tränen.
Viele dieser Mädchen sind heute selbst Mütter heranwachsender Töchter und bestätigen: »Was Frau Hege

war, lernt man erst später begreifen. Aber unsere Kinder zehren von ihrem Erbe!«
Wie nötig waren auf unserem allein gelegenen Hof immer wieder Mutters krankenpflegerische Kenntnisse! Manch einem Kindlein unserer verheirateten Leute hatte sie allein in die Welt hineinzuhelfen, weil der Arzt oder die Hebamme nicht zeitig genug zur Stelle sein konnten. Nach dem Ersten Weltkrieg waren Autos noch selten. Manche Wunden bei Mensch und Tier waren über Wochen hin zu behandeln. Mein Bruder Joachim ließ sich einmal zu der Bemerkung hinreißen: »Eigentlich ist es schade, daß wir immer so gesund sind. Die Mutter könnte ruhig immer eines von uns pflegen, das wäre so gemütlich!«
Eines Nachts mußte unser alter Schmied rasch ins Krankenhaus Schwäbisch Hall gebracht werden. Eine junge Schwester half meiner Mutter, den Kranken schnell zu versorgen und auf die Station zu bringen. »Wie sicher diese Frau mit den Kranken umzugehen versteht!« dachte die junge Schwester; »ob ich das auch einmal so lerne?« Sie hat mir das selbst erzählt, denn sie war die nachmalige sehr geschätzte Oberin des Diakonissenhauses Schwäbisch Hall, Schwester Luise Gehring.
Eines Abends wurde unser junger Straßenwart, Vater von sechs Kindern, dicht neben der Hofeinfahrt von einem unachtsamen Auto überfahren. In Mutterles Armen tat er kurz darauf seine letzten Züge.
Einer meiner schrecklichsten Kindheitseindrücke führt mich in einen wunderbar klaren Junimorgen zurück. Ich stand auf einem Schemel am Küchenfenster und blickte auf die Scheune über dem Hof, wo eben der

Heuaufzug abgefahren wurde. Das Dach lag voll zerstreuter Heuhalme, es sollte gesäubert werden. Einer der Praktikanten stieg mit einem Reiserbesen durch die Luke hinaus, um es abzukehren. »Sie müssen sich anseilen lassen, Herr B.«, rief meine Mutter über den Hof, denn das war strenge Regel. »Nicht nötig!« scherzte der junge Mann zurück und bewegte sich wie ein Seiltänzer auf dem Dach herum. Entschlossen schritt meine Mutter über den Hof, um ihm seinen Leichtsinn auszureden. Da ertönte ein markerschütterndes Brüllen. Die Mutter kam zugleich mit dem schwer fallenden Mann auf dem Steinpflaster an. Da lag er wie tot. »Es ist nur das Bein, es könnte genauso gut das Rückgrat sein!« sagte sie zu den herbeieilenden Trägern. Innerhalb einer Stunde war er im Krankenhaus. Ob dieser Beinbruch genügt hat, den jungen Mann von seinem Leichtsinn zu heilen? Wir wissen es nicht.

Von ihren Söhnen erwartete die Mutter, daß sie die mancherlei körperlichen Schmerzen ihres Bubenalltags mit Würde ertrugen. Oft genug saßen sie alle drei in Reih und Glied mit aufgeschlagenen Knien vor Mutters Verbandskasten und hielten ohne Wimpernzucken den Atem an, bis die Wunden mit Jodtinktur abgetupft waren. »Tapferkeit lernt man nur durch Übung!« sagte die Mutter dann wohl. Sie glaubten es ihr und übten sich.

Aber nicht nur die kranken Menschen brauchten Mutters Hilfe, auch die Tiere gediehen unter ihrer Fürsorge. Die Hilflosigkeit der Kreatur erbarmte sie immer; das war ein Grundzug ihres Wesens.

Vor allem arbeitete sich meine Mutter in die Fragen der

Schweinezucht ein. Von sich aus wäre Vater wohl kaum auf den Gedanken gekommen, grundlegend neue Formen des Schweinestallbaues zu durchdenken und eine Stammzucht aufzubauen. Sie wußte über jeden Wurf genau Bescheid, sie fütterte, wo eine Sauenmutter versagte, die kleinen Ferkel persönlich mit dem Säuglingsschoppen nach. Den jährlichen Schweinestallputz machte sie für die Leute fast zu einem kleinen Fest, weil sie selbst bis zum letzten Bürstenstrich mitputzte. Dabei ging sie stets in eine Riesenschürze gekleidet, und wenn Besuche kamen – was häufig der Fall war –, so mußten sie eben im Schweinestall empfangen werden, es machte ihr nicht das Geringste aus; sie blieb auch in der Riesenschürze stets die Gutsfrau, der man selbstverständlich Achtung entgegenbrachte. –
»Das war ein harter Aufbau«, bestätigte Herzog Albrecht von Württemberg meinen Eltern bei seinem ersten Besuch. »Für diese Leistung möchten wir auch Ihnen, liebe Frau Hege, in besonderer Weise danken. Er konnte nur gelingen, weil Sie Ihrem Mann so tapfer geholfen haben!«
Dieser Besuch des Herzogs in Begleitung seiner Tochter, einer anmutigen und liebenswerten Erscheinung, gehört zu meinen ersten Erinnerungen. Ich durfte mein frisch gestärktes Kleidchen anziehen; es war so steif, daß ich mir den Hals wundrieb. Ich wurde ins Zimmer geführt und machte einen tiefen Knicks. Dann blieb ich wie angewurzelt stehen.
»Nun?« fragte die Prinzessin, denn mein Gesicht mag deutlich eine bestürzende Enttäuschung widergespiegelt haben.
»Du hast ja nicht mal eine Krone auf!« stammelte ich.

Tagelang hatte ich mich auf die schöne, in Wolken von Seide und Gold gehüllte Prinzessin gefreut. Nun saß die Königliche Hoheit auf unserem Stuhl und trug ein blaues Kleid wie ein ganz gewöhnlicher Mensch!
Die Prinzessin lachte fröhlich: »Weißt du, eine Krone für alle Tage wäre wirklich zu ungeschickt! Da wäre sie längst zerbrochen!«
Mit einer kleinen Süßigkeit entließ sie mich, und ich tröstete mich mit dem Gedanken, daß in ihrem herzoglichen Gemach gewiß eine wunderschöne Krone ruhte.

Noch eines anderen Besuches erinnere ich mich aus den zwanziger Jahren. Er wurde für meine Mutter recht bedeutungsvoll. Auch damals war ich noch sehr klein; denn die Blumen, die ich im Garten pflückte, waren hoch und groß wie ich. Die Sonne schien, die Bienen summten, die Erde duftete warm. Da stach mich eine Biene, und schreiend lief ich unter die große Linde, wo ich die Mutter wähnte. Zu meinem Schrekken sah ich sie mit zwei älteren Damen bei einer Tasse Kaffee sitzen. Durch Tränenschleier hindurch erkannte ich die eine als Fürstin zu Hohenlohe-Waldenburg, die andere Dame aber zog mich an sich, um mich zu trösten. Das war Elisabeth Boehm, die Gründerin der landwirtschaftlichen Hausfrauenvereine im Allgemeinen Deutschen Frauenverein. Die beiden Damen waren gekommen, um meine Mutter für die Mitarbeit zu gewinnen.
Die landwirtschaftlichen Hausfrauenvereine (heute Landfrauenverband) entstammten der Frauenbewegung und leisteten wesentliche Hilfe für die überlaste-

ten Landfrauen. Schlagartig setzte nun eine längst fällige Entwicklung in den Dörfern ein: Winterschulen mit Mädchenabteilungen wurden gegründet, Haushaltsmaschinen entwickelt und das weibliche Lehrlingswesen aufgebaut. Mit besonders tätiger Anteilnahme setzte sich meine Mutter für die Gründung der nahen Landfrauenschule Kupferzell ein. Unser erster ländlicher Hauswirtschaftslehrling brachte mir stolz ein Stück seines Prüfungskuchens abends ans Kinderbett. Wir Heutigen, als die nachfolgenden Generationen, stehen der Frauenbewegung und ihrem Erbe bereits ahnungslos gegenüber. Aber die schwungvolle Kraft, mit der diese damaligen Pioniere der Landfrauenarbeit an die erkannten Aufgaben herangingen, ist mir als starker Eindruck geblieben.
Wir Kinder konnten allerdings die landwirtschaftlichen Hausfrauenvereine nicht leiden, denn sie entführten uns oft genug die Mutter. Sie war Vorsitzende des Kreises Öhringen und zweite Landesvorsitzende von Württemberg. Auch an der sehr verbreiteten und guten Fachzeitschrift arbeitete sie mit. Ohne Zweifel empfing sie viel Anregung durch diese Arbeit. Ihre Gabe, das Wesentliche einer Situation rasch zu erfassen, ihr waches soziales Empfinden, gepaart mit regem politischen Interesse, machten sie für diese Art der öffentlichen Aufgaben vorzüglich geeignet. Im Blick auf die Landfrauen erkannte sie mit als erste, daß Fach- und Lebensfragen sich im Grunde nicht trennen lassen, sondern als Einheit gelebt und verstanden werden müssen. Durch ihre unmittelbare Wärme gewann sie sich die Herzen der Bäuerinnen landauf, landab und wußte sich inmitten ihrer nun übervielen Aufgaben

von dieser Liebe wie von einer starken Kraft getragen. »Wenn Frau Hege in einer Versammlung erschien«, sagte mir einmal eine ernste Bäuerin, »war es immer wie ein bißchen Feststimmung. Alle wollten ihr wenigstens die Hand drücken oder hatten ein Anliegen, für das sie ein gutes Wort oder einen liebevollen Rat erhofften. Welch ein Segen war sie für uns! Man meint so leichthin, jeder Mensch sei zu ersetzen. Bei Frau Hege habe ich erlebt, daß das nicht stimmt!«
Es waren reiche, glückliche Jahre des aufbauenden Schaffens und Wirkens!

An einem sonnigen, aber kühlen Vorfrühlingstag des Jahres 1928 waren wir Kinder auf die Parkwiese gegangen, um Schlüsselblumen zu suchen. Plötzlich setzte sich Rolf auf einen Randstein: »Mir wäre es recht, wenn das Mutterle jetzt käme! Mir ist entsetzlich elend. Eigentlich schon die ganze Woche!«
Wir erschraken, denn Rolf jammerte nie. Und die Mutter konnten wir nicht holen; sie war seit mehreren Tagen in Stuttgart. Rolf wischte sich den Schweiß von der Stirn: »Glaubt ihr, das Mutterle kommt jemals wieder? Ich kann es mir nicht vorstellen! Sie ist so weit fort, ich spüre es einfach! Helft mir jetzt, daß ich nach Hause komme!«
Wir führten ihn heim und brachten ihn zu Bett. Er fieberte stark. Der Vater weilte ebenfalls in Stuttgart. Unsere Stütze mag recht in Sorge gewesen sein, bis sich am andern Morgen das Rätsel löste: Rolf war über und über rot betupft, er hatte die Masern. Wir bewunderten ihn sehr. »Ihr werdet alle genauso hübsch werden«, lachte der Hausarzt; »das habt ihr euch ja recht sinn-

voll ausgedacht, jetzt, da eure Mutter nicht hier ist!«
Wir wurden in ein gemeinsames Zimmer gesteckt. Rasch nacheinander wurden wir krank.

Und dann kam jene unvergeßliche Nacht, in der ich gerade in hohem Fieber lag. Die Geschwister waren schon auf dem Weg der Besserung und schliefen fest, als der Vater leise die Vorhänge meines Bettleins zurückschob. Er kam eben von Stuttgart. »Ei du wachst ja noch! Dann sage ich dir als dem Schwesterlein zuallererst etwas Wunderschönes: Wir haben ein Brüderchen bekommen, ein ganz winziges, feines. Die Mutter läßt grüßen!«

Ich war selig. »Geht es der Mutter gut?« Er aber schloß ohne Antwort die Vorhänge und ging hinaus. In meinen Fieberträumen lief ich mit dem Brüderlein auf blumigen Wiesen spazieren, es jauchzte in der Sonne. In derselben Nacht aber lag die Mutter in großem Bangen. Es ging ihr nicht gut. Was würde aus dem Kindlein werden?

In den nächsten Tagen drang es durchs ganze Haus bis in unser Kinderzimmer: Die Mutter ist in Gefahr. Dem Kaiserschnitt war eine Darmlähmung gefolgt, die trotz aller Bemühungen nicht weichen wollte. Ich erinnere mich noch einer köstlich ausgelassenen Stunde, als wir, fast genesen, in unseren Betten tollten und uns in der Erfindung unerhörter Namen für das Brüderlein geradezu überschlugen; da hörte ich den Arzt leise zur Stütze sagen: »Sie sind so fröhlich – und niemand weiß, ob sie morgen noch eine Mutter haben!« – »Seht ihr«, sagte Rolf, »ich hab es immer gespürt. Das Mutterle ist so weit fort!«

Bange Tage, bange Nächte . . .

Eines Morgens endlich kehrte der Vater mit übernächtigem, aber getröstetem Gesicht von Stuttgart zurück: »Das Mutterle ist gerettet! Bald, bald wird sie mit dem Brüderlein zurückkommen und immer bei uns bleiben!«

Es waren geschenkte Jahre. Dessen war sich meine Mutter immer bewußt. Natürlich nahm sie nach ihrer Wiederherstellung alle Arbeit von neuem auf sich. Aber es war nun wohl nicht mehr das unbefangene, unbeschwerte Schaffen; ein neuer, tiefer, leuchtender Ernst lag über ihrem Wesen, der allem Tun und Lassen von nun an ein eigenes Gewicht gab.

Meine Brüder besaßen einen Hufeisenmagneten, und wenn Rolf den Kleinen eine Freude machen wollte, so vollführte er ein Kunststück. Er ließ eine Reihe Stecknadeln so hinter dem Magneten einherlaufen, daß sie ihn nicht fangen konnten. Es sah sehr lustig aus. »Seht her«, belehrte er uns eines Tages altklug, »es gibt Menschen, die sind wie Magneten. Immer ziehen sie andere hinter sich her. Und die laufen ihnen dann ganz ohne Besinnung nach!«

Das Mutterle ist auch so ein Magnet, dachte ich, sie zieht auch immer Menschen an. Und immer so arme, zerzauste Menschen! Wir wußten damals noch nicht, daß die Anziehungskraft meiner Mutter für die Schwachen und von der Welt Verachteten jener großen Liebe entsprang, die unser aller Leben trägt und erhält. Sie hatte es in der Tat immer mit irgendeinem »zerzausten« Menschen zu tun.

Einer von ihnen war der Bärenjosef.

Damals, etliche Jahre nach dem Ersten Weltkrieg, herrschte noch vielfach Arbeitslosigkeit und Hunger.

Josef besaß einen Bären, der tanzte, wenn er auf einem Tamburin das dumpfe Klopfen seines Meisters hörte. Alle paar Wochen kamen die beiden, erbettelten sich eine Kleinigkeit und verschwanden wieder. Eines Tages kam Josef ohne den Bären, denn der war zugrunde gegangen. Josef verstand sich jedoch meisterlich auf die Kunst des Bettelns. Ich denke mit Vergnügen an die ergreifenden Geschichten, die er jedesmal mit großer Überzeugungskraft erzählte. Als letzten Trumpf übte er einen Augenaufschlag, der Steine zum Erweichen brachte. Sicher stellte er sich ganz gut dabei. Was ihn wohl immer wieder zu uns zog? Denn die Mutter sagte bei seinem Erscheinen bloß:

»Ich bin wirklich froh, daß Sie kommen, Josef! Wir werden nicht mehr Herr mit dem Unkraut im Garten! Wenn Sie mir eine halbe Stunde hacken wollen, dann richte ich Ihnen mittlerweile ein Mittagessen!«

Das erstemal war Josef so erstaunt, daß er plötzlich einfach verschwunden war. »Der ist nicht von Schaffhausen!« lachten wir hinter ihm drein.

Nach etlichen Wochen schlurfte er wieder daher, wahrscheinlich in der Hoffnung, der Mutter nicht gerade in die Hände zu laufen. Aber wir holten sie, und wieder stimmte er ein erbarmungswürdiges Klagelied an. Es war die Zeit der Lindenblüte, ihr Duft erfüllte den Hof, während Josef sich die Tränen aus den Augen wischte, denn er war sichtlich selbst ergriffen von seinen Worten.

»Leider kann ich nach dem allem nun rein gar nichts mehr arbeiten!« seufzte er zum Schluß und fügte seinen unbeschreiblichen Augenaufschlag hinzu.

»Wenn man gesunde Beine hat, kann man aber bestimmt Lindenblüten pflücken«, scherzte die Mutter. »Die Zweige hängen bis zum Boden herab! Sie bekommen ein gutes Vesper dafür!«

Aber auch das konnte Josef nicht, und in wortloser Trauer schlich er zum Hof hinaus. War er in Verbindung mit anderen Tippelbrüdern? Eine Zeitlang hatten wir Ruhe vor ihnen allen. Bis er an einem strömenden Regentag im Herbst abermals auftauchte: er habe sich jetzt erholt und könne gut eine halbe Stunde für ein Vesper arbeiten. Er hatte sich zuvor vergewissert, daß bei solchem Regen weder Unkraut noch Lindenblüten zu bearbeiten waren.

Die Mutter sah ihn fest an. Sie wußte: noch schwerer als an der äußeren Armut litten solche Menschen wie Josef an ihrer mangelnden Selbstachtung, auch wenn sie das gar nicht wußten. »Könnten Sie uns etwas Holz im Schuppen setzen, Josef?«

Bedenklich wiegte er sein ungepflegtes Haupt. Dann maßen sich beide, Mutter und Josef, mit dem Blick zweier Feldherren vor der entscheidenden Schlacht. Aber die Mutter gab nicht nach. Das machte ihm einen ungeheuren Eindruck. Er spürte genau: diese Frau hätte es bequemer haben können; ein paar Pfennige hätten ihm genügt. Aber es ging ihr anscheinend um mehr, es ging ihr um seine Person. Das hatte er noch nie erlebt. Er setzte eine halbe Stunde das Holz so kunstvoll, daß die Mutter nicht umhin konnte, ihm ihre Hochachtung auszusprechen. Danach hatte seine verarmte Seele heimlich gelechzt, ohne daß er es geahnt hatte. Während des ganzen Vespers unterhielt er sich mit ihr. Sie blieb neben ihm sitzen. Dann schritt er sichtlich erhobenen Hauptes zum Hoftor hinaus.

Von da an kam er regelmäßig, wenn auch nicht sehr oft, denn eine halbe Stunde Arbeit war viel für ihn. Eines Morgens trug er sogar ein tadelloses Jackett und hatte sich so nett rasiert, daß die Mutter sagte: »Sehen Sie, Josef, ich habe es immer gewußt: es steckt ein guter Kern in Ihnen. Ich habe mich nicht getäuscht!«

Das überwältigte ihn. Kurze Zeit darauf erschien er nochmals und erklärte, nun habe er Arbeit gefunden, und zwar in den städtischen Anlagen von X. Er habe gesagt, die Frau Hege von Hohebuch könne ihn empfehlen, und daraufhin habe er die Stelle bekommen. Dabei glänzte seine rote Nase so pfiffig, daß die Mutter ihn sofort verstand und lächelnd erwiderte: »Dann darf ich Sie heute gewiß ohne Gegenleistung zum Mittagessen einladen, Josef?«

Leider lebte er nicht mehr lange. Er holte sich eine Lungenentzündung. Aber noch im Krankenhaus pries er das Mutterle in allen Tonarten seines Redestromes. »Sie hat meinen Kern entdeckt. Das habe ich nämlich selbst nicht gewußt, welch ein guter, charaktervoller und fleißiger Mensch ich bin!« Den Schwestern, die ihn pflegten, befahl er noch ganz zuletzt: »Sagt der Frau ein Vergelt's Gott! Ich werde im Himmel für sie eintreten!« –

Auch Sebastian muß erwähnt werden. Er hatte unsere Mastschweine und die Ochsen zu versorgen. Er war grundordentlich, bis auf eine schwache Stelle: den Alkohol. Er liebte das Mutterle ehrfürchtig. Am Sonntag nach dem Mittagessen brachte sie ihm auch jedesmal flink ein spannendes Buch zum Lesen, denn Sebastian

tat etwas für seine Bildung. Auf diese Weise hoffte sie, den Saufteufel in ihm zu bändigen.
Abwartend saß sie dann immer eine geraume Weile an ihrem Fensterplatz, um das Hoftor im Auge zu behalten, falls er das Weite suchen sollte. Aber wie oft war er dann abends beim Füttern trotzdem einfach nicht vorhanden, und wir suchten mit Laternen die Straßengräben nach ihm ab, bis wir ihn entdeckten. Meist brachte es niemand fertig, ihn von der Stelle zu bewegen. Das Mutterle mußte höchstpersönlich erscheinen. Dann nahm er ihren Arm und wankte in stolzem Triumphzug unter schallendem Choralsingen mit ihr auf den Hof. Anderen Tages hockte er an Leib und Seele zerbrochen in seiner Futterküche, dämpfte seine Kartoffeln und wartete, bis das Mutterle kam.
»Ach, Frau Hege, schelten Sie mich, schlagen Sie mich! Aber blicken Sie bloß nicht so traurig! Es ist bestimmt das letzte Mal gewesen. Es bekommt mir nämlich gar nicht gut!«
Daß er trotz wiederholter Rückfälle gar nie aus Mutterles Liebe fiel, war ihm stets ein neues, unbegreifliches Wunder, und so gelang ihm doch hin und wieder ein siegreicher Sonntag. Dann aber wartete er in der Montagsfrühe beharrlich im kleinen Eßzimmer, bis das Mutterle eintrat und mit fröhlicher Stimme, so laut, daß es alle hörten, anordnete:
»Der Sebastian muß heut ein besonderes Frühstück haben; er hatte gestern keinen Wein, da braucht er jetzt Kraft. Wir wollen ihm eine doppelte Portion Butter schneiden und ein weiches Ei kochen!«
Dann verspeiste er sein Ei, bis er einen goldgelben Mund hatte. Das Mutterle setzte sich zu ihm, weil er

sich mit ihr unterhalten wollte. Dabei funkelten seine Augen so glücklich, geradezu überglücklich, daß auch das Mutterle jedesmal von Herzen vergnügt wurde.
Hierher gehört auch Gelmina, das Italienermädchen, das mit italienischen Saisonarbeitern aus dem Süden zu uns gekommen war. Es hatte die Aufgabe, die Kleidung der Männer in Ordnung zu halten und für sie zu kochen, da ihnen erfahrungsgemäß die deutsche Kost nicht immer schmeckte. Meine Mutter machte sich nicht wenig Sorge um das samthäutige, glutäugige Geschöpf, denn Italiener und Deutsche umschwärmten das bezaubernde Ding um die Wette. Gelmina jedoch blieb uneinnehmbar wie eine Festung und verschaffte sich bald hohe Achtung. Beim Abschied im Herbst holte die Mutter Gelmina zu sich heran und sagte:
»Ich danke dir, Gelmina, daß du so einen guten Weg gegangen bist!«
Da lächelte sie strahlend mit Tränen in den großen, dunklen Augen, bewegte lebhaft ihre zierlichen Hände und nickte:
»O Signorina, du gutes Mutter! Ich bloß sagen zu Mann: Mutterle wird traurig. Du traurig – niemand will! Zuerst viel Heimweh – aber du gutes Mutter! Heimweh vergessen!«
Tief eingeprägt hat sich mir das Bild der blassen Taglöhnersfrau Hedwig. Die Landarbeit war im Grunde zu hart für sie, denn sie war zart. Ihr Mann war ein dummer Raufbold. Jedes Jahr hatte sie ein Kindlein zur Welt zu bringen und erschien dann nach kurzer Zeit, jedesmal um einen Schatten blasser, mit einem Leiterwägelchen, in dem das zu stillende Kind lag, wieder zur Arbeit. Nach ihrem fünften Kind tauchte sie schon in

der zweiten Woche nach der Geburt auf. Der Sommernachmittag lag still über dem Hof, die Leute arbeiteten alle draußen, nur meine Mutter wirtschaftete in der Küche, und ich lernte im Kinderzimmer. Bekümmert entdeckte sie das junge Weib beim Geräteschuppen.

»Aber Hedwig, Sie dürfen doch jetzt nicht schon wieder zur Arbeit gehen!« rief sie.

»Er hat gesagt, er schlägt mich! Und es ist schrecklich, wenn er schlägt.«

Das Mutterle zog sie zu sich in die Küche. »Da schaffen wir schon Rat«, überlegte sie.

»Ich kann jetzt einfach nicht mehr«, flüsterte Hedwig. »Wenn die Kinder nicht wären, hätte ich mich heut nacht bestimmt ertränkt. Ich war schon draußen an der Wet, der Mond schien so hell. Aber dann dachte ich an das Kleine, das sie ohne mich nicht durchbringen würden. Da bin ich wieder umgekehrt!«

Da saßen denn beide Frauen in der Küche und weinten. Wie gut muß die Mutter das verzweifelte Weib getröstet haben, wie muß sie nach Leib und Seele Wege gefunden haben, ihm das Leben wieder erträglich erscheinen zu lassen! Ich war damals noch zu jung, um irgend etwas richtig zu verstehen, aber ich hörte die Mutter beim Abschied sagen:

»Glauben Sie nur: alle Kraft kommt wieder, ganz neu geschenkt! Das ist mir nach jedem Kindlein so gegangen!«

Und die Hedwig glaubte es zuversichtlich. »Ohne das Mutterle wär ich schon lange nicht mehr am Leben, auch wenn ich mir nichts angetan hätte. Sie war mein Engel!« erzählte sie mir nach vielen Jahren, als schon der Efeu sich an Mutters Grabkreuz emporrankte.

Ob es sich lohnt, von solch bescheidenen Aufgaben zu reden? Ach, wir Menschen haben immer ganz andere Vorstellungen von unserem Leben, als Gott sie hat. Wir wünschen uns bedeutendere Gestalten, gewichtigere Situationen, lohnendere Aufgaben. Aber wer sich, wie meine Mutter, entschlossen hat, den Willen Gottes zu suchen, dessen Kennzeichen wird immer wieder die Anstrengung um die Armseligkeit sein. »Meist suchen wir Gott ganz woanders als da, wo er wirklich zu finden ist«, sagte sie einmal. »In meiner Jugend wollte ich am liebsten die Sterne vom Himmel holen und die halbe Welt heilen. Heute bin ich froh, wenn ich einem wahrhaft Leidenden so viel Hilfestellung geben darf, daß er den Weiterweg ein Stückchen lang findet!«
Wenn ich das Bild meiner Kindheit zu malen hätte, dann müßte alles von Sonnengold übergossen sein. Blumen würden die Wege säumen. Aber auf einmal schieben sich Wolkenschatten in dieses Bild, Schatten, die nicht mehr weichen.

Erstmals ahnte ich etwas davon, als ich an einem föhnigen Märztag vergnügt von der Schule heimkam, denn wir hatten für den Nachmittag schulfrei erhalten. Da sah ich meine Mutter am Radio sitzen, sie, die sich sonst während des Tages kaum eine Sitzpause gönnte. Ich wollte eben mit großem Schwung meine Mappe auf den nächsten Stuhl fallen lassen, als ich bemerkte, daß sie weinte. Lautlos liefen ihr die Tränen übers Gesicht auf die feinen, verarbeiteten Hände.
»Ach Kind«, seufzte sie, »das verstehst du noch nicht mit deinen zwölf Jahren!«

Es war der »Tag von Potsdam«, der 21. März 1933, der Tag der Gründung des Dritten Reiches durch Adolf Hitler.
»Vielleicht wird doch noch alles irgendwie recht«, versuchte sie, die Erfahrene, mich zu trösten. »Es hört sich ja wirklich sehr schön an.«
Ich aber empfand nur ihre abgrundtiefe Traurigkeit.
Die reichen Jahre des Schaffens und Wirkens – wie kurz waren sie bemessen gewesen! Es ist mir, als hätte ich von diesem Tag an meine Mutter nie mehr ganz unbeschwert fröhlich gesehen.

Immer mehr Dinge geschahen, von denen wir heranwachsenden Kinder nichts verstanden. Wir spürten, daß die Eltern uns nicht mehr wie früher alles so selbstverständlich sagten, weil sie unserer kindlichen Unvernunft mißtrauen mußten. Die Auflösung der landwirtschaftlichen Hausfrauenvereine bedeutete das Ende aller öffentlichen Arbeit für meine Mutter. Nur noch die Teilnahme an der württembergischen evangelischen Landessynode blieb. An Bitten um Mitarbeit in der Reichsfrauenführung mit vielen Möglichkeiten des helfenden Wirkens fehlte es nicht. Aber meine Mutter blieb unbestechlich. Ich weiß nicht viele Menschen aus der ersten Zeit des Dritten Reiches, die so klar die Entwicklung voraussahen und bis ins Kleinste gegen sich und andere aufrichtig blieben. Nachher, als die meisten den Weg in den Abgrund erkannten, war es schon zu spät. Wenn mich heute meine Kinder fragen:
»Wie konnte so etwas geschehen? Habt ihr denn das nicht gemerkt?«, dann fallen mir die Worte meiner Mutter ein, als sie einmal sagte: »Daß man im falschen

Zug sitzt, merkt man erst, wenn er den Bahnhof verlassen hat und in voller Fahrt ist. Aber wer dann abzuspringen wagt, den kostet es das Leben! Weiß Gott, es springen viele ab, von denen erst die Nachwelt reden wird!«

Einmal versuchte ich, sie aufzuklären: »Mutter, vielleicht bist du noch ein bißchen altmodisch! Jedermann ist heute im BDM (Bund deutscher Mädchen). Ich bin noch die einzige aus unserer ganzen Schule, die nicht dabei ist!«

»Aber das macht doch nichts«, entgegnete sie verwundert, »deshalb brauchst du doch nicht jedermann zu sein!«

Wir litten viel Angst in jenen Jahren. Wie oft kam ich von der Schule heim in der Sorge, nun habe man den Vater oder die Mutter aus irgendeinem fadenscheinigen Grund geholt. Daß nichts geschah, verdankten wir neben einem vernünftigen Ortsgruppenleiter der Tatsache, daß man den Eltern trotz allem eine gewisse Achtung nicht versagen konnte.

Es war meiner leidenschaftlichen Mutter nicht immer gegeben, bei offenem Unrecht zu schweigen. »Wo so viele Füchse herumlaufen«, pflegte sie zu zitieren, »dürfen wir keine Gänse sein!« Sie war nicht zu bewegen, eine Hakenkreuzfahne anzuschaffen; sie stellte sich lange Zeit einfach dumm. »So eine rückständige Person wie ich erfaßt den Zeitgeist nicht mehr richtig«, erklärte sie schalkhaft. Als die Anschaffung dann unumgänglich wurde, sagte sie heimlich: »Ich freue mich schon auf den Tag, an dem ich das rote Zeug im Waschkessel verbrennen werde! Nicht einmal Gaulsohren mache ich davon!«

Wir hatten bisher wenig Berührung mit jüdischen Familien gehabt; auch jüdische Geschäfte waren uns fremd. Nun aber geschah es plötzlich hin und wieder, daß wir Kinder nachträglich erfuhren, dieser oder jener junge Mensch aus der Hausgemeinschaft sei »nicht ganz arisch« gewesen.
Es kamen Leute, die meiner Mutter große Dankbarkeit erzeigten, meist deutschblütige Frauen nichtarischer Familien. Was waren das für leidgezeichnete, verhärmte Gesichter, die verlernt hatten, einen frohen Gedanken zu denken!
Ein schlichtes, aber für jene Zeit bezeichnendes Bild ist mir unvergeßlich geblieben. Ich wartete in der Bahnhofshalle von Schwäbisch Hall auf meine Mutter, die an diesem Tag Besorgungen erledigt hatte. Für mich war ein langer Schultag eben zu Ende gegangen, und ich freute mich auf die gemeinsame Heimfahrt mit ihr. Sie ging in jenen Jahren nicht sonderlich gern unter die Menschen, sie fürchtete sich vor Lügen und Feigheiten, die der Wahrheit ins Gesicht schlugen.
In die Ecke der Halle gedrängt, erblickte ich nun den ehrwürdigen, großgewachsenen Rabbiner der Stadt, den Juden Herz. Um ihn herum johlte eine Horde ausgelassener Jungen: »Judenstinker! Judenstinker!« Er konnte sich nicht wehren; sein stilles blasses Gesicht mit den dunklen Augen war dem Licht der hohen Bahnhofsfenster zugewandt, als suchte er dahinter den offenen Himmel. Jetzt trat meine Mutter ein. In Sekundenschnelle erfaßte sie den beschämenden Vorgang, packte energisch das zunächst stehende Bürschlein am Kragen und setzte es mit großem Schwung wortlos vor die Tür. Ich wußte gar nicht, daß sie so viel

Kraft und Klugheit besaß. Die anderen Jungen spürten mit geübtem Scharfsinn die starke Hand einer erfahrenen Bubenmutter und verschwanden im Nu. Der Rabbiner, wohl wissend, daß er meine Mutter als deutsche Frau nicht grüßen durfte, wandte sich unauffällig ab. Glücklicherweise fuhr gleich darauf der Zug ein; wir beeilten uns, einzusteigen. Denn selbst solche kleinen Taten des Anstandes waren damals gefährlich. Tagelang klopfte uns bei jedem Telefonanruf das Herz, und die Mutter sagte immer wieder: »Verzeiht mir nur, wenn ich hinter Schloß und Riegel komme! Ich konnte nicht anders handeln!«

Ein besonders eindrücklicher Weihnachtsabend soll noch erwähnt werden. Unsere beiden Großen waren damals schon außer Haus im Seminar und in der Landwirtschaftslehre. Wie genossen wir fünf deshalb das gemeinsame Daheimsein der weihnächtlichen Ferientage mit Büchern, Musik und Backwerk! So bemerkten wir an jenem Abend kaum, daß die Mutter schon eine ganze Weile abwesend war und erst nach längerer Zeit, frische Winterluft im Gesicht, eintrat. »Ich war am Briefkasten«, erklärte sie. Sofort ahnte ich den Zusammenhang. Am Vortag war nämlich ein älteres Ehepaar mit seiner Nichte dagewesen, einem ungepflegten, häßlichen Wesen von 25 Jahren. Frida war das Kind einer kürzlich verstorbenen Trinkerin. Das Mädchen müsse nun fort von daheim. Das Dritte Reich sei wegen der Mutter hinter ihr her. Man redete von »lebensunwertem Leben«. Aber so schlimm sei es nun wirklich nicht. Frida habe solche Angst, in eine Anstalt zu müssen und nie mehr heimzukommen. Ob die Mutter einen Rat wisse?

»Ich habe ihr geschrieben, sie dürfe nach Weihnachten für ein Jahr zu uns kommen! Als ich euch vorhin so heil und gesund um den Christbaum geschart sah, dachte ich, alle zusammen müßten wir das schwache Kind doch eine Zeitlang tragen können. Ich habe dies Jahr auch besonders tüchtige Mädchen im Haus, die ziehen so ein Ungeschicktes mit!«

Doch nun sollte die Mutter erleben, daß sie inzwischen erwachsene Kinder hatte. »Sofort bei der Post reklamieren! Romantische Affekthandlung! Darf man uns Weihnachten so verderben?« Sie aber blickte nur zum Vater auf, und da erkannten wir unsere Unreife.

»Wie soll ich Weihnachten heute abend anders verstehen als genau so?« bat sie. »Es darf doch nicht bloß einen Schmuck abgeben für glückliche Familienfeste! Und wenn da eines der Geringsten weder Raum noch Herberge hat auf dieser Welt! Ich mußte es tun!«

Der Vater nickte warm: »Die Mutter ist ihrem Gewissen gehorsam. Das ist etwas Großes! Da helfen wir mit!«

Nun war kein Widerspruch mehr möglich. Aber heimlich seufzte jedes von uns: Christsein, wie es die Mutter versteht, ist doch manchmal eine recht unbequeme Sache!

So hatten wir in den dreißiger Jahren immer wieder einmal einen schwachen, verfolgten und gefährdeten Menschen bei uns. Oft wußten nur meine Eltern davon. Nicht alle waren dankbar. Aber Frida war es auf ihre Art. Sie liebte meine Mutter tief. Als sie am darauffolgenden Weihnachtsfest ihre letzten Tage bei uns verbrachte, wußte sie sich kaum zu helfen vor innerem Schmerz. Sie lief der Mutter auf Schritt und Tritt nach; eine unverkennbare Trauer veredelte ihre groben Züge. Man spürte, wie sehr ihr vor dem Abschied graute. Dennoch wußte sie dem Jammer ihres Herzens keinen anderen Ausdruck zu verleihen, als beim Abräumen ein halbes Dutzend guter Tassen in Scherben zu verwandeln.

Jahre später, als meine Mutter nicht mehr unter uns war, kam einmal am Heiligen Abend ein an Mutter adressiertes Riesenpaket ohne Absender. Der Poststempel zeigte Fridas Heimatort. Herrliche lichtgelbe Chrysanthemen erschienen, in solcher Fülle, wie nur eine große, echte Liebe sie verschwenden konnte. Und obenauf lag ein fleckiges Kärtlein: »Vürs Grab fom Mutterle!« Da wußten wir: Dieses Opfer war nicht umsonst gewesen. –

Junge Menschen haben auf einer gewissen Stufe der Entwicklung den inneren Drang zu stetem Widerspruch. Ein Jahr nach meiner Konfirmation trat ich in diese Phase ein. Im Blick auf das Dritte Reich geriet ich damit in eine schwierige Zwickmühle. Widersprach ich heimlich seinen Machenschaften, so stellte ich mich innerlich auf die Seite meiner Eltern; widersetzte ich mich aber den Eltern, so stellte ich mich auf die Seite des Zeitgeistes, und das war noch viel langweiliger.

Die folgende Begebenheit dient nicht zu meinem Ruhm, aber sie dient der Wahrheit und ist darüber hinaus vielleicht eine Hilfe für Eltern und Kinder, die einander beim besten Willen nicht mehr verstehen.

Ich saß eines Abends allein mit meiner Mutter im Wohnzimmer, Schillers Wallenstein auf den Knien. Meine Mutter benützte die letzte Stunde des Tages gern zu gründlichem Bibelstudium; sie arbeitete mit

Bleistift und ergänzenden Heften. Dabei wurde sie oft von Müdigkeit übermannt, raffte sich aber immer wieder in lebhaftem Eifer zur Weiterarbeit auf. Ich beobachtete ihren eisernen Kampf gegen den Schlaf und dachte bei mir: Wie unbegreiflich, daß ein Mensch ganz freiwillig in der Bibel liest, ja, daß er an seinem kostbaren Feierabend keine wertvollere Beschäftigung kennt! Man muß wohl durch viel Verzicht und Leid gegangen sein, bis man soweit kommt! Das Evangelium trennt von der Welt. Ich will aber doch in die Welt hineingehen als in ein schönes, beglückendes Abenteuer! Meine BDM-Kameradinnen schwärmen alle so für die Mutter; was würden sie sagen, wenn sie jetzt zu uns hereinschauen könnten! Mittlerweile war die Mutter schon wieder eingeschlafen. Die Bücher glitten auf den Boden. Ich räumte sie zusammen und legte sie leise auf den Tisch neben ihrem Sessel. Da erwachte sie, entschuldigte sich belustigt und fügte hinzu, als hätte sie während des Schlafes in meinen Gedanken gelesen:
»Es mag dir wohl rätselhaft erscheinen, daß ein Mensch freiwillig in der Bibel liest. Aber das kommt von deiner Jugend. Es ist mir auch so gegangen. Wenn man jung ist, meint man, unzählige Farben für das Bild seines Lebens zu brauchen. Aber erst die Schattenstriche geben ihm seine wahrhaftige Tiefe. Man versteht die Bibel in jungen Jahren noch nicht genügend, um sie zu lieben. Ganz gewiß aber lernst du mich einmal begreifen!« Eigentlich hätte ich dankbar sein sollen für eine solch hilfreiche Brücke. Aber das Widerspruchsteufelchen hatte mich bereits wieder in seinen Klauen. Ich war empört, obwohl ich mich mit keiner Silbe verriet. Wie konnte die Mutter meinen, ich verstünde die

Bibel nicht? Als ob es irgend etwas gäbe, das man in meinem Alter nicht wüßte und verstünde! Außerdem war bei mir alles ganz anders als in ihrer Jugend. Ich nahm mir an diesem Abend vor, nun gerade erst recht in der Bibel zu lesen, und zwar jeden Tag ein Kapitel, von vorne bis hinten.
Ich habe fast drei Jahre dazu gebraucht. Ob diese Willensübung viel Sinn hatte? Das entzieht sich meiner Kenntnis, denn das Wirken des Geistes ist geheimnisvoll. Oft hatte ich einen Grimm auf mich selbst und auf das schwarze Buch, das mir an manchen Stellen tödlich langweilig erschien. Hin und wieder kam ich mir dabei auch – und das war gefährlich! – fast ein wenig fromm vor, weil ich trotz des Dritten Reiches und trotz meiner Jugend jeden Tag in der Bibel las. Das Buch blieb tot und stumm für mich, wie ein Same, dem noch nicht die richtige Zeit zum Keimen gewährt ist. – Daß jedoch die toten Steine sich im Lauf der Jahre in lebendiges Brot verwandelt haben, ohne das ich nicht mehr leben möchte und könnte, sei an dieser Stelle in ehrfürchtiger Dankbarkeit hinzugefügt.

Wenn vom Brot der Seele die Rede ist, darf wohl auch, gleichsam im Vorbeigehen, das Brot des Leibes kurz erwähnt werden. Eines Sonntagmorgens saß die ganze Familie behaglich um den Kaffeetisch. Da erhob sich die Mutter, die am Vorabend von einer zweitägigen Reise zurückgekehrt war. Sie holte ihre Handtasche: »Ich habe mein Reisebrot gestern abend nicht mehr bewältigt!« Sie wickelte ein Doppelbrot, das sich vor Trockenheit bog, aus dem Papier und begann zu essen.
»Aber Mutterle, wirf's doch in den Schweineeimer«,

bestürmten wir sie. »Bei uns kommt doch auf diese Weise wenigstens nichts um!«

Sie errötete: »Ihr habt recht! Es wäre taktvoller gewesen, ich hätte es für mich allein und nicht wie eine Demonstration vor euch allen gegessen!«

»Laß uns wenigstens mitessen!« bat der Vater. »Die Kinder haben noch junge Zähne.«

Sie brach's in sieben Stücke. Es war sehr hart und schmeckte nach lederner Handtasche; die Butter roch ranzig. Lachend würgten wir unser Teil hinunter. Die Mutter knüllte das Vesperpapier zusammen und legte es auf den Teller wie eine erledigte Aufgabe: »Ich danke euch! Mit Brot muß man treu sein! Mögt ihr nie erfahren müssen, daß an einem solchen Stück Brot manchmal ein Menschenleben hängt!«

»Das kann ich mir nicht vorstellen«, wunderte sich der kleine Joachim. Kaum waren ein paar Jahre vergangen, da schrieb er aus dem Kampf im Osten:

»Wie oft, oft denke ich jetzt an das alte Brot! Ich wünschte mir dann, ich hätte ein Stück davon im Brotbeutel. Schon viele von uns sind am Hunger gestorben . . .« Ob er auch zu denen gehört hat, welchen eines Tages das letzte Stück Brot fehlte? Wir werden es nie erfahren.

Inzwischen sind reiche und satte Jahre in der Bundesrepublik Deutschland eingezogen. Wie oft haben wir dabei gesündigt!

Immer jedoch war der Stachel, den der Gedanke an Mutters einstiges Brotbrechen hinterließ, schmerzhaft und unbequem. Aber es ist wichtig, daß der Stachel sitzt und daß er immer wieder einmal sticht. Denn diese Schmerzen sind unser bestes Teil.

Im Jahre 1938, anläßlich ihrer Silberhochzeit, gönnten sich meine Eltern zum ersten Mal eine mehrtägige gemeinsame Reise. Den Arbeitszettel, den mir meine Mutter, als der heranwachsenden Tochter, hinterließ, fand ich kürzlich in einem alten Schulbuch wieder: »Bei gutem Wetter nicht mehr im Kükenstall heizen – Tomaten setzen – Frühbeete abends nur noch bei Frostgefahr schließen – die Gänschen der Grauen schlüpfen am 14.5. – B. regelmäßig zum Arzt schicken – die ausgelesenen Äpfel bekommen in dieser Woche die Italiener – dem Melkerwilli keinesfalls Most ausschenken« usw. Wie lange hat die Mutter von dieser kurzen Reise gezehrt! Denn Worte wie Ferien, Ausschlafen, Urlaub gab es für sie nicht. Damit soll nicht gesagt sein, daß ihre Lebensführung in diesem Punkt richtig war. So vieles in ihrem auf Weite und Fülle angelegten Wesen hätte durch neue Eindrücke noch fruchtbarer werden können. Aber ihr mit steigenden Jahren wachsendes Pflichtgefühl ließ sie nicht mehr so ohne weiteres loskommen von den Aufgaben ihres Alltags und den ihr anvertrauten Menschen. Sie leistete ein Übermaß an Arbeit.

Uns Heutigen ist es völlig unbegreiflich, wie ein einziger Mensch so viel leisten kann. Manchmal kam sie schon in der Morgenfrühe, ehe wir zur Schule gingen, aus dem Garten zurück mit Körben gepflückter Bohnen, Gurken oder Erbsen! Wir hätten sie viel energischer zur Ruhe und Erholung ermahnen sollen. Die heutige Landfrau muß viel mehr als früher um ihre Jahrespause kämpfen und sie auch einhalten, sonst verbraucht sie sich lange vor der Zeit. Daß wir hier etwas versäumt hatten, merkten wir erst, als es zu spät war.

Es war an einem Januarabend des Jahres 1939, als ich erstmals das Nahen einer tiefer greifenden Erschöpfung bei Mutter ahnte. Ich übte gerade eine Mozartsche Klaviersonate, als sie aufgeregt das Zimmer betragt:
»Drüben im Stall ist die Seuche ausgebrochen!«
Das war nun allerdings schlimm. Die Maul- und Klauenseuche war sehr gefürchtet. Wir hatten damals viel Klauenvieh und hatten gehofft, durch unsere isolierte Lage verschont zu bleiben. Mein Vater war verreist. Bedrückt sank die Mutter in den Sessel am Ofen.
»Ich kann nicht mehr«, flüsterte sie fast unhörbar. Und dann etwas lauter: »Ach, diese Unentrinnbarkeit, mit der wir durch dieses Leben müssen!«
Das waren völlig ungewohnte Worte von ihr, die ich gewiß nicht hatte hören sollen. Niemals bisher hatte meine Mutter einer Schwäche des Leibes oder der Seele nur im geringsten nachgegeben. Es mußte wohl wahr sein, wenn sie, die allezeit Tapfere, Unverzagte, sagte: »Ich kann nicht mehr!« Denn Seuchen im Stall waren wohl bitter, aber sie gehörten zu den Dingen, die eine Landwirtsfrau, wie sie einmal selbst gesagt hatte, mit Fassung ertragen lernen muß.
Die Schwäche währte nur Sekunden, dann erhob sich die Mutter in gewohnter Tatkraft, ging an die Arbeit, benachrichtigte den Tierarzt, ließ Desinfektionsmatten bereitstellen und schloß mit eigener Hand das Hoftor. Denn nun durfte außer dem Tierarzt nur noch am Abend der Vater hereinkommen. Selbst für den Briefträger blieb das Tor geschlossen; er mußte am äußeren Ende des Obstgartens die Post hinterlegen und abholen. Einzig das Telefon hielt noch Verbindung mit der

Außenwelt. Wir Kinder wurden auswärts untergebracht, damit wir die Schule weiter besuchen konnten. Als wir bei Frühjahrsbeginn wieder heimkamen, stellten wir mit Freude fest: Der Mutter Wangen waren nicht mehr so schmal und blaß, sie war wieder heiter und ausgeglichen. Die zwangsläufige Ruhe hatte ihr neue Kraft gegeben.
Ach, wir wußten ja nicht, wie nötig diese Kraft noch im gleichen Jahr gebraucht werden sollte!

Herr, ich schau nach deinen Händen,
deinem Weg und Willen aus,
du kannst allen Jammer wenden,
führst aus aller Not heraus.
Hätt ich nicht schon oft erfahren,
Herr, dein treues Weggeleit,
müßt ich zag und mutlos werden
in der Wirrnis dieser Zeit.

Diese Worte fand ich an jenem lastend schweren Samstagabend, dem 26. August 1939, unter den täglichen Notizen meiner Mutter auf ihrem Schreibtisch.
Es war ein wundervoller Sommerabend; wir fuhren eben die letzten Erntewagen heim, damals noch mit Pferden, und stellten sie bunt geschmückt im Hofraum auf. Als wir das Danklied anstimmen wollten, brachte der Briefträger eine Handvoll Stellungsbefehle, auch die für meine Brüder Rolf und Albrecht. Wie lastend still war es auf einmal ringsum! Nur die Mücken summten, und die Pferdegeschirre klirrten. »Wir wollen jetzt singen – trotzdem!« sagte meine Mutter ernst. Mein Vater setzte mit seiner vollen, tragenden

Stimme ein: »Nun danket alle Gott . . . der ewigreiche Gott woll uns bei unserm Leben ein immer fröhlich Herz und edlen Frieden geben!« Aber während des Singens fiel mir erstmals auf, wie viele graue Haare die Mutter hatte. Vorher hatte ich das nie bemerkt. Oder waren sie erst in den letzten Tagen so grau geworden, seit es Krieg werden wollte in Deutschland?

Wie quälend wurde das anschließende, sonst so fröhliche und dankbare Abendessen! »Jetzt heißt es kämpfen«, sagte die Mutter gepreßt – und trotz meiner Jugend ahnte ich, wie viele Lasten und Beschwernisse bei ihr hinter dem Wort »Kampf« sich verbargen.

Meinen, allerdings noch sehr jugendlichen, Aufzeichnungen aus jenen Tagen entnehme ich wörtlich folgendes:

»Freitag, den 8. September 1939

Sondermeldung des drahtlosen Dienstes: Deutsche Truppen heute 17.15 Uhr in Warschau eingedrungen! Sieg über Sieg!

›In 14 Tagen ist der Krieg aus‹, sagen sie. ›Hitler will nur Polen, er will keinen Weltbrand, so dumm ist er nicht!‹ Mutter denkt anders. Sie ist sehr pessimistisch; es geht einem fast ein bißchen auf die Nerven. Sie ist unheimlich tapfer und stark, trotz des schrecklichen Druckes, der auf allen Gemütern liegt. Gestern hat sie eine alte, aus Karlsruhe zwangsevakuierte Frau in die hintere Stube einquartiert; Frau Stepp ist schwer herzleidend. Ich helfe jetzt täglich in der Landfrauenschule Kupferzell, die ganz mit Flüchtlingen belegt ist. Schon klingen die ersten Gefallenenmeldungen durchs Land. Man kann es kaum noch ertragen, morgens in der Schule zu sitzen. Wozu auch? Die Zukunft ist so dun-

kel, so hoffnungslos. Es ist wie auf der Theaterbühne: ein schwerer Vorhang verhüllt alles Kommende. Aber es ist eben kein Theater, es ist Wirklichkeit. Unsere Führer sind keine Tragödienspieler, oder sollen es doch wenigstens nicht sein . . .
Ist Deutschland blind? Ob unsere Enkel – falls wir noch leben und welche bekommen – uns glauben werden, daß Deutschland nie, niemals einen Krieg wollte, aber von seinen ›Führern‹ gezwungen wurde? Daß Todesstrafe auf das Abhören fremder Sender stand? Daß ich geköpft werde, wenn jemand diesen Aufschrieb findet? Daß Ehrlichkeit verboten ist? Ich glaube, das Sinnlose dieses Kampfes, das ist das Furchtbarste, das Schrecklichste.
Die Erwachsenen, wenigstens die normalen, sind alle tieftraurig. ›Die Jugend tut uns leid‹, sagen sie. Aber uns tun die Erwachsenen auch leid. Sie haben ja überhaupt keine Hoffnung mehr. Wie soll man aber ohne Hoffnung leben können? Und wir möchten doch so gerne ein einziges Mal wieder fröhlich sein und von Herzen lachen dürfen! Ist das nun nie mehr möglich, nie, nie mehr?«

Ernste, schwere Wochen reihten sich aneinander, obwohl das eigentliche Kriegsgeschehen an den Fronten nur zögernd einsetzte. Sorge und Angst bezogen Dauerwohnung in den Herzen. Fand in diesem Herbst die Sonne nicht mehr durch den Nebel, oder wirkte nur wegen der Traurigkeit der Seele alles so grau und düster?
In der hinteren Stube unseres Hauses allerdings fing sich immer wieder der Sonnenschein; er fiel gerade

vom Himmel herab auf den ächzenden Sessel, in dem tagaus, tagein die alte Frau Stepp saß, die meine Mutter zu uns geholt hatte. Es war eine Sonne, die selbst unsere Not um den Krieg noch durchdrang, denn sie barg Ewigkeitslicht. »Dadurch haben etliche ohne ihr Wissen Engel beherbergt«, ging wörtlich in Erfüllung, wenn man neben der zarten gebrechlichen Frau saß. Sie war als Vollwaise erzogen worden und hatte sich früh mit einem Pfarrer verheiratet. Von sechs blühenden Kindern hat sie im Lauf der Jahre fünf wieder hergeben müssen.

»Haben Sie nie Langeweile?« fragte ich sie einmal, denn sie konnte nur mit Mühe morgens auf ihren Stuhl am Fenster gebracht werden. »Siehst du, Schwesterchen«, fiel sie da gleich lebhaft ein, »das ist auch etwas, für das ich noch nie genug gedankt habe, daß es mir nie langweilig ist. Wenn man so viel zu danken hat wie ich! Außerdem gibt es hier doch so viel zu sehen! Der Himmel hat sehr viele Farben, er ist fast jede Stunde wieder anders. Von meinem Karlsruher Fenster aus kann ich den Himmel gar nie sehen. Außerdem mache ich mich alle Tage bereit zur letzten großen Reise, das muß man in meinem Alter, und ich möchte doch nicht so schrecklich unaufgeräumt vor den lieben Gott treten! Und dann muß ich ihm so viele Menschen anbefehlen, solche, die tagsüber keine Zeit haben. Vor allem für deine liebe Mutter habe ich zu bitten und zu danken . . .«

So plauderte sie und erzählte aus Kindheit und Jugend mit einem frischen, in der Liebe beweglich gebliebenen Gedächtnis. Unmerklich erhielten alle Menschen und Dinge unter ihren Worten ein anderes, tieferes und zugleich entschärftes Wesen. Stets verließ man das Zimmer im Innersten getröstet. Die alte Frau Stepp ist einige Jahre später, bei einer zweiten Zwangsevakuierung – sie war inzwischen nach Karlsruhe zurückgekehrt – verschollen. Niemand weiß ihr Grab. Das Mädchen, das sie manchmal betreut hatte, drückte aus, was wir alle dachten: »Die liebe Frau konnte gar nirgends anders hingeraten als genau mitten in Gottes Hände hinein . . .«

Einen besonders nachhaltigen Eindruck habe ich in jenen ersten Kriegsmonaten durch den Besuch einer ausgesiedelten baltischen Gutsfrau empfangen. Adlig wie ihr Name waren auch ihre Gestalt und ihre Haltung. Sie fragte lebhaft nach der Wirtschaft, nach Haus und Ställen; sie erkundigte sich nach dem Personal, und man spürte, daß sie in ihrer fernen Heimat mit allen Fasern für ihre Arbeit gelebt hatte. Während des Rundgangs durch den Betrieb wurde meine Mutter ans Telefon gerufen, und ich blieb allein mit der Dame im spätherbstlichen Garten. Damals bereitete ich mich eben auf mein Abitur vor und war sehr in Sorge, ob ich auch alle Fragen, den Garten betreffend, fachgerecht beantworten könne.
Plötzlich aber wandte die stolze Frau sich mit einem Ausbruch heftigen Schmerzes ab, der mich zu Tode erschreckte. Sie preßte ihr Taschentuch gegen den Mund, begann zu schluchzen und sich an mir zu halten, daß ich kaum die Kraft aufbrachte, sie zur nächsten Bank zu geleiten. Ich habe niemals vorher und nachher jemand aus der Tiefe seines Wesens heraus so herzzerbrechend schluchzen sehen. »Gehen Sie, ach,

gehen Sie doch bitte!« rief sie verzweifelt, aber ich wagte nicht, sie allein zu lassen. Endlich kam die Mutter wieder, und ich zog mich erschüttert zurück. Nach langer, banger Pause rief sie mich zur Verabschiedung. Frau von X eilte auf mich zu und streckte mir beide Hände entgegen. Ich war betroffen von der Schönheit, die ein Menschenantlitz offenbaren kann, wenn es zum Spiegel eines großen, edlen Schmerzes wird.
»Ich habe Sie vorhin erschreckt«, sprach sie herzlich. »Verzeihen Sie mir das bitte! Aber Hohebuch hat mich allzu sehr an meine verlorene baltische Heimat erinnert. Das Heimweh ging über meine Kraft. Mögen Sie nie erleben müssen, was das Wort ›Heimatlosigkeit‹ bedeutet, wenn man zuvor eine Heimat besaß. Die Heimatlosen – das sind die wahrhaft Armen unseres Volkes. Darin wird viel gelitten werden müssen in diesem Krieg und noch lange darüber hinaus.«
Dann trat sie mit eindringlichem Ernst ganz nahe an mich heran:
»Und um noch etwas möchte ich Sie bitten: Vergessen Sie nie, was für eine wunderbare Mutter Sie haben! Es tut mir weh, daß ich spüre: Menschen wie Ihre Mutter werden nicht alt!«

Der Winter schlich sich durch die Monate. Im Frühjahr, nach beendeter Schulzeit, begab ich mich in die ländliche Hauswirtschaftslehre auf einen Hof nahe bei Karlsruhe. Vor mir liegen die Briefe, die mir meine Mutter dorthin schrieb und die ich damals las, als der Westwind den Kanonendonner des Sommers 1940 von der nahen französischen Grenze bis zu meinem sonnigen Gartenhocker ins herrlich blühende Hausgärtchen

herübertrug. Sie hatte so viele Briefe zu schreiben in jenen Monaten: an ihre Soldaten, an mich, an Trauernde und Geängstigte. Und manchmal waren es nun doch von der Alltagslast erdrückte Briefe. Das Mutterle, das sich ein Leben lang den Überblick über die Dinge und Menschen bewahrt, das stets die Situation beherrscht hatte, wurde nun mehr und mehr in die Tiefe der Vorahnung schrecklichen Kriegsgeschehens hineingezogen. Sie arbeitete, da es nicht immer genügend Hilfskräfte gab, meist weit über ihre Kraft. Ihr angeborenes waches Gewissen wurde nun fast zu einer Last für sie selbst und für ihre Umgebung. Die heiteren, sorglosen Töne fehlen in diesen Briefen ganz.
Immer wußte sie sich ja, auch in den kleinsten Pflichten, einem höheren Willen verantwortlich. Das spürte man ihrem Wesen ab. Und wenn sie auch Fehler machte, so glaubten wir: Was die Mutter tut, das wird doch immer irgendwie recht, es dient auf jeden Fall zum Besten, weil es nicht aus eigenem Gutdünken entspringt. Sie wirkte nicht durch das, was sie tat oder unterließ, sondern durch das, was sie war.
Es war ein weicher Oktoberabend auf meinem Lehrhof. Ich hatte eben den Küchenboden aufgewischt und war voll lehrlingshaften Stolzes, weil mir diese Arbeit nun doch schon ganz flink von der Hand ging. Daß ich in diesem Augenblick ans Telefon gerufen wurde und die Arbeit unterbrechen mußte, war nichts Außergewöhnliches, es geschah um diese Tageszeit hin und wieder einmal.
Ungewöhnlich allerdings war die fremde Stimme einer Hohebucher Praktikantin: »Ich telefoniere Ihnen im Auftrag Ihres Vaters. Er ist heute den ganzen Tag im

Krankenhaus in Schwäbisch Hall, wo Ihre Mutter liegt. Sie hat sich eine schwere Blutvergiftung zugezogen. Kommen Sie doch bitte sofort nach Hause. Es ist damit zu rechnen, daß sie morgen vielleicht nicht mehr lebt!«

Draußen in der Küche stand der Putzeimer und der noch unausgewaschene Lappen. War das wirklich erst einige Minuten her, seit ich beide aus der Hand gelegt hatte?

Welch lange, ernste Heimfahrt unter der Wucht erdrückender Lebensfragen! An mir selbst erlebte ich, daß in wenigen Stunden aus einem verträumten, kindlichen Mädchen ein wissender, verantwortungsbewußter Mensch werden kann.

Inzwischen gingen Vaters Telegramme durch die Nacht: »Mutters Befinden hoffnungslos. Erbittet sofort Urlaub!« Mein Bruder Rolf war Kanonier in Frankreich; sein Kompaniechef bereitete einen Stellungswechsel vor und vergaß das Telegramm. Acht Tage später fand der Adjutant es auf dem Schreibtisch: »Mensch, Hege, Sie sind noch hier? Wissen Sie denn nicht, daß Ihre Mutter gestorben ist? Machen Sie bloß, daß Sie sich abmelden!«

Was war geschehen? Die Mutter hatte sich im Zusammenhang mit der Pflege einer Melkersfrau eine Gesichtsrose zugezogen. Eine schwere Sepsis war die Folge. Der Prozeß entwickelte sich so rasch, daß er schon fast nicht mehr aufzuhalten war, als sie ins Krankenhaus eingeliefert wurde. Blutübertragungen von uns Kindern sollten helfen. »Aber ach, die Mutter ist so spät gekommen«, seufzte der Arzt. »Und sie ist so verbraucht! Sie hat eine unheimliche Energie und eine ergreifende Tapferkeit – ob diese beiden Kräfte es jedoch ganz schaffen, wissen wir nicht!«

Jede Nacht brachte neue Bangigkeit, jeder Morgen neue Hoffnung. Und als eine unsagbar lange, lastende Woche vorüber war, stand eines Morgens Rolf vor der Krankenhaustür, überwältigt von dem Glück, daß er die Mutter noch am Leben traf. »Ich habe auf dich gewartet«, sagte sie leise. »Und seit heute morgen glaube ich zuversichtlich, daß ich bei euch bleiben darf. Ich sollte geprüft werden, ob ich alles lassen kann – meine geliebte Arbeit, euch alle –, aber es geht mir jetzt irgendwie besser. Ich will in Zukunft auch viel vernünftiger leben als vorher!«

Es ging ihr den ganzen Tag über gut. Sie besprach mit Rolf die Obsternte und legte eine Personenliste für den Versand an. Immer wieder fielen ihr von neuem Menschen ein, denen sie eine hilfreiche Freude damit bereiten könnte. Besonders regen Anteil nahm sie in den Abendstunden an der Aufregung der Schwestern, denn das dem Haller Diakonissenhaus angegliederte Schwachsinnigenheim sollte in diesen Tagen aufgelöst und die Kranken als »lebensunwertes Leben« zur Vergasung gebracht werden. »Müssen deshalb unsere Söhne sterben«, flüsterte sie, »weil solcher Frevel nicht ungesühnt bleiben *kann?*«

»Ich denke, heute abend können wir die Nachtwache allein übernehmen«, meinte die Oberschwester nach dem Abendbrot. Mein Vater hatte die Nächte vorher immer mitgewacht. »Die Freude wird die Mutter vollends gesund machen. Jetzt ist sie über den Berg. Und Sie haben doch alle den Schlaf nötig«, sagte sie.

Wer weiß, wie lange in der Nacht das Telefon geklingelt

haben mag! Erschöpfte schlafen tief. Aber wie schrecklich wach wurden wir, als die Oberschwester am anderen Ende des Drahtes sagte: »Es ist nötig, daß Sie kommen! Der Mutter geht es nicht gut! Das Herz tut nicht mehr mit!«
Ärzte, Schwestern – alles war auf der Station. Durch die Ritzen der Verdunkelung hatten wir das aufgeregte Leben schon von außen geahnt. Das Plakat an ihrer Tür: »Besuche streng verboten« bebte, als müßte es den flackernden Herzschlag dort drinnen nachvollziehen. Der Chefarzt nahm nochmals eine Einspritzung vor. Eine letzte Hoffnung, ein letztes Aufleben! Wir Kinder warteten draußen im Flur, den Kleinsten, Zwölfjährigen, hatten wir nicht mitgenommen. Wir hörten ihre Stimme, ihr Klang war wie immer: »Ich verstehe es nicht, es ging doch so gut!«
An der großen Uhr über den Türen sahen wir die Minuten schleichen. In der Stille hörten wir das Ticken. Es war Samstag, der 2. November 1940, morgens gegen 4 Uhr. Allerseelen.
Jetzt öffnete Dr. Kibler behutsam die Tür: »Unsere Macht ist am Ende . . .«
Wir traten ein.
Da lag sie, schneeweiß und so zeitlos jung! »Seid ihr alle zu mir gekommen?« stammelte sie, und ein Schimmer dankbarer Freude huschte über ihre Augen. »Verzeiht, daß . . .« Was hatte sie noch sagen wollen? Ach, ihr Gesicht, über das sich nun die Todesblässe breitete, offenbarte es deutlich: Es tut mir leid, daß ich euch im Stich lassen muß. Wollt mir's verzeihen! Ihre Not um den letzten Gehorsam half uns über diese Stunde hinweg. Es war uns, als müßten wir ihr zuru-

fen: »Geh nur getrost, Mutterle, wir schaffen es schon!«
Sie war klar bis zur letzten Minute. Der Lichtkreis ihres Lämpchens umschloß nur Gesangbuch und Bibel. Die Schwester blickte zum Vater auf: »Es geht zu Ende!« Er griff nach dem Gesangbuch. Da schlug es sich – in dieser Sekunde eine große innerliche Hilfe – von selber auf. Wir wußten noch aus Kindertagen den Bruch, in den sich immer die Seiten legten: »Befiehl du deine Wege ...«
Es ist mir nicht möglich, etwas von dem auszusagen, was wir während der Minuten, die das Lied dauerte, erlebten. Alle Angst, alles Weh fiel von uns ab und löste sich in einer wunderbaren Geborgenheit auf, und alle Not fand nur das Stammeln: »Wir danken dir, Herr, daß wir solch eine Mutter haben durften!«

Ich habe später manch ernste und bedeutsame Stunde erlebt. An innerer Größe ist ihr bisher keine gleichgekommen.

»Die Mutter des Hohenloher Landes ist tot«, schrieb eine Zeitung.
Eine unübersehbare Menschenmenge füllte den weiten Hofraum, als unsere Pferde, denen die Mutter so oft einen Trank oder einen Wickel bereitet hatte, ihren Sarg auf den entfernten Waldenburger Friedhof führten. Gleichmäßig und still klapperten ihre Hufe vor uns auf dem mehrere Kilometer langen Weg. Mein Vater hatte noch am Todestag ins Krankenhaus gebracht werden müssen; er hatte Fieber, man befürchtete eine Infektion.

Vom Berg herab läuteten die Glocken. Mir kam ein frühes Jugendgedicht der Mutter in den Sinn:

Komm, leg dein Leid in Gottes Hände,
du bist zu klein und schwach für diesen Streit.
Er führte alles noch zu einem guten Ende,
er macht auch dieses gut, wenn's Zeit.

Was hilft dein Sträuben, Zweifeln, Fragen?
Vertrau doch ihm, ihm ganz allein!
Sei still, ganz still! Es wird schon wieder tagen
und wird ein froher Morgen sein!

Es war uns zuerst unverständlich, daß das Leben weiterging. Noch zog der Klang von Mutters Stimme durch die Flure und Treppen des alten Hauses, noch hörte man ihren Schritt in den Räumen, die nun alle so winterlich sonnenlos erschienen. Noch war man gewohnt, ihr alles Erlebte herzenswarm zu erzählen oder sie um Rat zu fragen. Es blieb still.

Aber die kommenden Jahre lehrten uns danken für den frühen Abschied. Es war besser so. Im April 1947 ist mein Bruder Rolf, kurz vor seiner Entlassung aus der Gefangenschaft, im Leichtsinn von einem Jugoslawen erschossen worden. Von unserem Bruder Joachim haben wir seit dem Jahr 1944 nichts gehört. –

Das Wesen eines Menschen, dessen tiefste Kräfte aus einer anderen, unvergänglichen Welt stammen, ist ja nicht begrenzt durch Geburt und Tod, es greift immerfort über diese Grenzen hinüber. So haben wir es erlebt. Wie sollten wir traurig sein? Wir weinen nicht um die Toten, wir weinen um uns.

Es gibt Menschen, deren Leben einer Kerze gleicht, die an beiden Enden brennt. Von dieser Art ist das Leben meiner Mutter gewesen.

Auf ihrem Grabkreuz aber stehen die Worte, die den Ursprung und die Kraftquelle ihres Wesens nennen: »Julie Hege. Von Gottes Gnade bin ich, was ich bin.«